_____ 님께

오늘도 수많은 사람들이
감사의 습관을 경험하고 있습니다

_____ 드립니다

감사의 습관이 기적을 만든다

감사, 감사의 습관이 기적을 만든다

정상교 지음

모아북스
MOABOOKS

들어가며

감사를 습관으로 바꾸는 여정에 당신을 초대합니다

사람은 누구나 마음속에 상처 하나씩은 가지고 있습니다. 점점 더 극으로 치닫는 경쟁시대에 살면서 사회와 세상으로부터, 그리고 타인으로부터, 크고 작은 상처를 입으며 살아가고 있습니다.

그러나 그 상처를 어떻게 치유해야 하는지는 아무도, 어디에서도 가르쳐주지 않았습니다. 우리는 타인의 평가와 외부의 기준에 의해 휘둘리고 짓밟히면서도 그로 인한 분노와 불평을 제대로 해결하지 못했습니다. 행복을 추구하면서도 항상 불행한 느낌에 휩싸였습니다. 삶에서 소중한 것들이 바로 곁에 있는데도 제대로 보지 못하고 살아왔습니다. 사람들은 '힐링'을 부르짖었지만 정작 어떻게 마음을 치유하고 다스려야 하는지는 제대로 알지 못했습니다. 마치 뜬구름

잡듯 공허한 이야기만 난무했을 뿐입니다.

 이 책에서는 우리 삶의 진정한 가치와 행복을 실현하기 위한 구체적인 방법론으로서 '감사'에 주목했습니다. 그저 막연히 '감사해야 한다'라는 지침을 내세운 것이 아닙니다. '왜 우리가 감사하지 못했는가?'에 대해, 또 '어떻게 감사가 우리 삶을 바꿀 수 있는가?'에 대해 근본적으로 살펴보았습니다. 그뿐만 아니라 일상생활과 동떨어진 거창한 이론이 아니라 지금 이 순간부터 당장 실천할 수 있는 실질적 방법론을 짚어냈습니다.
 이 책은 다음과 같이 이루어져 있습니다.

 1장에서는 일상에서 발견하는 감사가 어떻게 기적이 되는지 살펴볼 것입니다. 감사에는 어떤 속성이 있는지 어떻게 내 것으로 만들 수 있는지를 집중적으로 파악했습니다. 무엇보다도 우리는 감사를 내 삶의 습관, 일상의 습관으로 만들어야 합니다. 감사가 습관이 되고 나면, 우리의 삶에 놀랍도록 새로운 행복을 가져다줍니다. 너무나도 획기적인 변화이기 때문에 그것은 기적이라고 할 수 있습니다. 그렇습니다. 감사는 기적을 가져옵니다.
 2장과 3장에서는 왜 우리가 자신의 삶에 감사하지 못하고 타인에게 감사하지 않는지 돌아볼 것입니다.

우리는 왜 스스로 덫에 빠진 채 남보다 불행하고 불완전하다고 생각하며, 더 완벽해지기 위해 안간힘을 쓰고 더 많은 것을 소유하기 위해 발버둥을 치는 것일까요? 왜 현재의 나 자신의 존재 가치를 있는 그대로 존중해주지 못하는 것일까요? 왜 나 자신이 아닌 타인이 내리는 평가와 비교에 일희일비하며 살까요? 왜 내 삶에 없는 것만 보고, 이미 가지고 있는 더 소중한 것들을 보지 못하는 것일까요?

심각한 중독증에 시달리는 사람은 정작 자신이 해로운 것에 중독되어 있다는 자각을 하지 못합니다. 이처럼 우리는 비교와 평가, 겉으로 보이는 가치 기준으로만 자신의 삶을 제한하는 사고방식에 중독되어 있는지도 모릅니다.

이러한 사고방식 탓에 남에게 상처를 주고 자신의 인생에도 생채기를 냅니다.

그러나 상대방의 입장을 생각하고 배려와 공감의 세계에 눈을 뜬다면, 타인과의 갈등을 줄일 수 있고 자신의 삶을 바라보는 시야도 한층 성숙해질 것입니다. 우리가 감사하는 삶을 살기 어려운 이유는 단순히 외부적인 조건 때문이 아니라 세상을 바라보는 '관점'과 '입장' 때문일 수 있음을 기억해야 합니다.

4장에서는 감사를 방해하는 축인 감정에 대하여 살펴볼 것입니다.

매사에 감사하지 않는 사람들은 공통적으로 분노, 불평불만, 원망, 증오, 편견에 사로잡혀 있는 경우가 많습니다. 이러한 감정의 소용돌이에서 헤어나지 못하는 이유는 결국 내 마음의 상처를 치유하지 못했기 때문입니다.

타인의 평가에 상처받고, 일어나지도 않은 일에 대한 걱정 때문에 평생 불행해합니다. 남보다 나만 유독 불행하고 운이 따르지 않는다고 느끼기도 합니다. 이러한 부정적인 감정들로 인해 정작 중요한 것이 무엇인지 보지 못하고, 보지 못함으로 인해 개선의 기회를 번번이 놓치며, 이 과정이 되풀이됨으로써 자신의 삶에 감사하다는 생각을 하지 못합니다.

그런데 이 모든 감정이란 그 실체가 없습니다. 스스로 만들어낸 신기루 같은 감정이자 마치 허상과도 같은 근심 걱정일지도 모릅니다. 이러한 감정들을 스스로 통제하지 못했기에, 그리고 한쪽 면만 부각시키는 왜곡된 감정을 붙들고 있었기에, 우리는 진정한 '나 자신'을 보지 못했던 것이 아닐까요?

5장과 6장에서는 생활 속에서 감사를 실천하고 그 실천을 내 몸의 일부가 되도록 습관화시키기 위해 어떻게 해야 하는지에 대한 구체적인 방법을 알아볼 것입니다. 이 책에서는 당장 오늘부터 누구나 쉽게 따라할 수 있는 가장 핵심이 되는 방법들만을 추려볼 것입니다. 이

방법들만 기억한다면 이미 감사의 삶을 시작한 것이나 다름없습니다. 감사일기와 감사편지를 포함해 말과 글과 행동을 밖으로 표출하고 타인에게 표현함으로써 누구나 감사의 삶을 영위할 수 있습니다.

  이 책을 편안하게 따라가다 보면 감사의 가치와 실천 요령에 대해 자연스레 터득하게 될 것입니다. 외부의 구속과 타인의 평가에서 자유로워져서 상처받지 않는 삶을 살게 될 것입니다. 살아가는 동안 고통과 역경에 쓰러지지 않고 오히려 감사함으로써 더 소중한 것들을 발견하게 될 것입니다.
  감사를 찾아가는 여정을 통하여 내면의 상처를 치유하고 진정 행복한 삶을 만들어내는 작은 기적을 느껴보시기 바랍니다.

정 상 교

차례

들어가며 8

감사를 습관으로 바꾸는 여정에 당신을 초대합니다

 감사 습관은 일상에서 어떻게
1장 기적을 부르나?

1. 감사는 우리 삶을 어떻게 바꾸는가? • 18

2. 삶의 가치에 눈 뜨게 하는 감사의 힘은 • 25

3. 역경에도 감사해야 하는 이유는 • 34

4. 당연한 모든 것에 감사하기란? • 42

5. 감사에는 조건이 없다 • 49

6. 감사는 영혼의 균형이다 • 55

[Gratitude Story] 3일만 세상을 볼 수 있다면 • 62

2장 내 삶을 가볍게 하는 감사 습관 통할까?

1. 드러나는 성과가 전부는 아니다 · 66
2. 평가의 덫에서 벗어나라 · 71
3. '비교 중독'으로부터의 해방 · 78
4. 완벽하지 않아서 더 행복하다 · 86
5. 행복은 사람과 사람 사이의 관계에서 온다 · 92

[Gratitude Story] 현자들이 이야기하는 행복의 공통점 · 98

3장 상대방과의 다름을 공감하는 감사 습관

1. 한 사람이 다른 사람을 이해한다는 것 · 102
2. 모든 인간은 저마다 다른 개체다 · 108
3. 상대방을 완벽히 이해하는 대화법이란 · 115
4. 미안하다는 말 한마디의 의미는 · 121
5. 차이에서 공감으로 나아가기 · 126

[Gratitude Story] 내 인생 최고의 순간은 바로 지금 · 133

4장 내 감정을 조절하는 감사 습관 친밀한 관계로 만들기

1. 상처받지 않기로 선택하라 • 136

2. 감정의 소용돌이에서 한 발 물러나자 • 141

3. 행운과 불행을 통제할 수 있다면 • 148

4. 감정에 지배당하지 않는 비결 • 156

[Gratitude Story] 착한 사람에게 시련이 닥치는 이유는 무엇인가? • 162

5장 감사 습관의 실천

1. 감사 습관 행동하고, 또 행동하기 • 166

2. 감사하지 않은 것부터 감사하라 • 173

3. 감사 일기 쓰기 어떻게 시작하지? • 179

4. 감사 편지 쓰기 어떻게 시작하지? • 190

5. 감사의 씨앗 뿌려야 되돌아온다 • 203

[Gratitude Story] 영혼을 윤택하게 해주는 한 줄의 감사명언 모음 • 209

6장 감사 습관을 완벽하게 익히는 다섯 가지 비결

1. 첫 번째 비결 발견: 관점의 차이를 발견하라 • 214
2. 두 번째 비결 각성: 영혼의 균형에 눈을 떠라 • 220
3. 세 번째 비결 변화: 언어와 의식을 바꿔라 • 225
4. 네 번째 비결 습관: 새로운 습관을 관습화하라 • 230
5. 다섯 번째 비결 완성: 감사하고 또 감사하라 • 235

맺음말 • 240

한 번뿐인 인생, 감사 습관으로 기적을 만나자

1장

감사 습관은 일상에서
어떻게 기적을 부르나?

감사 습관이 막연히 좋은 것이라는 생각만으로는 부족하다. 감사는 삶의 진정한 가치가 무엇인지를 깨닫게 하고, 인생의 고비에서 더 큰 깨달음으로 극복하게 해준다. 감사를 통해 부정적 사고방식을 긍정적 사고방식으로 변화시키고 내면의 균형을 실현시킬 수 있다.

1. 감사는 우리의 삶을 어떻게 바꾸는가?

- 행복감이 증가한다.
- 부정적 감정이 약화된다.
- 부교감신경이 활성화된다.
- 긴장이 풀린다.
- 스트레스가 감소된다.
- 맥박이 고르고 안정된다.
- 위장 기능이 좋아진다.
- 혈액 순환이 잘 된다.
- 체내 독소가 줄어든다.
- 항암작용을 한다.
- 신체 활력이 증가한다.
- 질병에 대한 면역력이 높아진다.

위에 열거한 내용들을 모두 가능하게 한 단 하나의 강력한 해결 방법은 무엇일까요? 그것은 바로 '감사하기' 입니다.

미국의 심리학 박사인 로버트 에먼스, 심장 전문의 맥크래티, 의사

존 자웽 등 심리학계와 의학계의 다양한 전문가들은 감사가 인간의 정신과 신체에 어떠한 영향을 끼치는지에 대해 다양한 임상실험을 실시했습니다.

다양한 분야의 이들 전문가들은 피실험자들로 하여금 매일 감사일기를 쓰게 하거나, 감사한 일을 메모하게 하거나, 매일 식사 전에 감사기도를 드리게 하는 등 여러 방법을 활용했습니다. 이 전문가들이 도출한 실험결과는 놀라울 정도로 일치했습니다.

감사하는 마음이 정신적으로 뿐만 아니라 신체적으로도 탁월한 건강 증진 효과를 가져온다는 것입니다. 참가자들은 실험이 진행될수록 정신적으로도 안정될뿐더러 실제로 신체 반응에도 변화를 보였기 때문입니다. 스트레스가 적어지고 심혈관계와 소화기계 기능도 향상되었던 것입니다.

짧은 기간 동안 의식적으로 '감사하기'를 실시한 것만으로도 정신과 육체의 건강이 좋아졌다는 것은 감사가 얼마나 놀라운 역할을 하는지를 보여주는 증거입니다. 하물며 임상실험 목적이 아니라 생활습관이자 삶의 태도로 '감사'를 실천한다면 얼마나 큰 변화가 일어날까요?

일상의 작은 기적, 감사

미국의 자기계발 전문가이자 베스트셀러 작가였던 지그 지글러(Zig Ziglar)는 다음과 같은 말을 남겼습니다.

"당신이 취할 수 있는 온갖 태도 중 감사가 삶을 가장 크게 변화시킨다." 또한 탈무드《Talmud》의 격언에는 다음과 같은 유명한 말이 있습니다.

> "가장 지혜로운 사람은 배우는 사람이고,
> 가장 강한 사람은 자신을 이기는 사람이며,
> 가장 행복한 사람은 항상 감사하며 사는 사람이다."

감사의 놀라운 힘에 대해서라면 에모토 마사루(江本勝)의 베스트셀러《물은 답을 알고 있다》에서 실시한 실험도 빼놓을 수 없을 것입니다. 이 실험에 의하면, 물을 떠놓고 '감사'와 '사랑' 같은 긍정적인 언어를 지속적으로 말했을 때 물의 결정체가 완전한 육각형 결정을 이룬다고 합니다. 반면 욕설을 하거나 부정적인 언어를 반복적으로 말하면 물의 육각형 결정체가 부서지고 불규칙한 모양을 이룬다고 합니다. 육각형 결정을 이룬 육각수는 실제로 사람이 마셨을 때 이로운 성분이 들어 있는 반면, 결정체가 무너진 물은 인체에도 해로운 성분을 지니게 됩니다.

물에 대한 실험을 통해 역설적으로 알 수 있는 것은 감사의 마음과 언어가 가진 놀라운 역할입니다. 무생물의 결정체마저도 아름다운 모양새로 바꾸는 힘. '감사'는 우리가 짐작하는 것 이상으로 정신을 바꾸고 신체 기능도 향상시켜 줍니다.

그렇다면 감사하는 마음과 태도가 우리의 삶에 실질적인 변화를 가져오는 이유는 무엇일까요? 그 근거는 다음과 같습니다.

1. 현재를 돌아보게 하여 평정심을 갖게 합니다.
2. 과거를 인정하고 받아들이게 합니다.
3. 앞날에 대한 비전을 제시하고 목적의식을 만들며 긍정적인 계획을 세우도록 유도합니다.
4. 주의력을 향상시키고 지적 능력을 높여줍니다.
5. 자기만의 신념에 대해 확신을 갖게 도와줍니다.
6. 자신이 지니고 있는 모든 것에 대해 만족감을 갖게 합니다.
7. 자신이 지니고 있지 못하거나 부족한 것을 성취하도록 동기부여를 합니다.
8. 숨어 있던 잠재력을 깨우고 한계를 넘을 수 있는 능력을 키워줍니다.
9. 자신의 삶에 대해 자신감을 갖게 합니다.
10. 주변 사람들을 소중히 생각할 수 있는 기회를 주어 인간 관계를 전반적으로 좋게 해줍니다.

이처럼 감사는 영혼을 고양시키고 심신을 긍정적으로 자극하는 효과가 있습니다. 미처 깨닫지 못했던 행복을 깨닫게 하고, 마음을 열게 하며, 사고의 유연성을 키워줍니다.

감사가 삶을 바꾸는 이유는?

그런데 흔히 사람들은 다음과 같이 말합니다.

> "대체 무엇에 대해 감사하란 말인가?"
> "감사할 일이 있어야 감사를 하지……."

이러한 의문이야말로 감사를 잘못 이해하고 있는 것입니다. 감사는 남이 나에게 인위적으로 부여하거나 요구하는 것이 아니라 스스로 찾아야 하는 것입니다.

자신의 삶에 대해, 현재에 대해, 지금 가진 것에 대해, 그동안 해왔던 것들에 대해 감사하는 순간 발상의 전환이 이루어집니다.

현재에 대해 감사한다는 것은 반드시 무언가를 완벽하게 이뤄냈기 때문에 감사한다는 뜻은 아닙니다. 조금 부족하더라도 내가 지금 잘

하고 있고, 열심히 살아나가고 있으며, 원하는 것을 이루기 위해 노력하고 있다는 것을 알아차린다는 뜻입니다. 나 자신을 알아차림으로써 삶이 얼마나 소중한 것인지 깨닫고, 이러한 과정에서 삶에 대해 감사하는 마음이 절로 우러납니다. 그러면 정신이 고양될 뿐만 아니라 자신의 미래에 대한 비전이 생깁니다.

> "행복하기 때문에 감사한 것이 아니라, 감사하며 살 수 있기 때문에 행복하다."

위의 말처럼 감사는 자신에게 부족한 것이 아니라 이미 가지고 있는 것의 가치를 깨닫게 하고, 그 모든 것에 대해 소중히 여길 줄 아는 마음을 일깨워줍니다. 없는 것이 아니라 있는 것, 부족한 것이 아니라 충분한 것, 앞으로 얼마나 소유할 것인가보다 지금 얼마나 소유하고 있는가를 알아차리게 합니다. 그리하여 자신의 삶이 지금 이대로 충만하다는 것을 느끼게 합니다.

철학자 칼 힐티(Carl Hilty)는 《행복론》에서 다음과 같이 말했습니다.

> "감사하면 젊어지고, 감사하면 발전이 있고, 감사하면 기쁨이 있다."

위의 말처럼 감사하는 마음은 영적인 발전을 가능케 합니다. 생각을 바꾸고 고정관념을 바꾸고 가치관을 바꿔주는 첫 번째 열쇠, 그것이 바로 감사입니다.

> ♣ **감사에 대한 흔한 오해 3가지**
>
> 1. 감사할 일이 있어야 감사할 수 있다.(×)
> → 감사는 주어지는 것이 아니라 스스로 찾는 것이다.(○)
>
> 2. 내 삶에서 아직은 감사할 일이 별로 없다.(×)
> → 지금까지 겪은 모든 것에서 감사할 일을 찾을 수 있다.(○)
>
> 3. 감사하는 마음은 추상적인 것이다.(×)
> → 감사할 일에 대해 말하고, 메모하고, 글로 적는 등 언어로 표현하는 것이 좋다.(○)

2. 삶의 가치에 눈 뜨게 하는 감사의 힘은

걸을 수만 있다면 더 큰 복은 바라지 않겠습니다.
누군가는 지금 그렇게 기도를 합니다.

설 수만 있다면 더 큰 복은 바라지 않겠습니다.
누군가는 지금 그렇게 기도를 합니다.

들을 수만 있다면 더 큰 복은 바라지 않겠습니다.
누군가는 지금 그렇게 기도를 합니다.

말할 수만 있다면 더 큰 복은 바라지 않겠습니다.
누군가는 지금 그렇게 기도를 합니다.

볼 수만 있다면 더 큰 복은 바라지 않겠습니다.
누군가는 지금 그렇게 기도를 합니다.

살 수만 있다면 더 큰 복은 바라지 않겠습니다.
누군가는 지금 그렇게 기도를 합니다.

놀랍게도 누군가의 간절한 소원을
나는 다 이루고 살았습니다.

놀랍게도 누군가가 간절히 기도하는 기적이
내게는 날마다 일어나고 있습니다.

부자 되지 못해도
빼어난 외모 아니어도
지혜롭지 못해도
내 삶에 날마다 감사하겠습니다.

날마다 누군가의 소원을 이루고
날마다 기적이 일어나는
나의 하루를
나의 삶을 사랑하겠습니다.

어떻게 해야 행복해지는지 고민하지 않겠습니다.
내가 얼마나 행복한 사람인지 날마다 깨닫겠습니다.

나의 하루는 기적입니다.
나는 행복한 사람입니다.

- 〈언더우드의 기도〉 중에서

삶에서 진정한 가치를 깨닫는 방법 무엇이 있을까?

돈, 명예, 좋은 집, 좋은 차, 사회적인 성공, 자녀의 행복······.

사람은 누구나 자기만의 목표를 가지고 살아갑니다. 그 목표를 위해 지금 힘들어도 참고, 앞날의 행복을 위해 현재의 불편함을 기꺼이 감수하기도 합니다. 더 나은 미래를 위해 지금 매 순간 노력하는 것은 삶을 살아가는 소중한 태도입니다. 그러나 현재의 고통과 불편함을 견딘다고 해서 현재라는 시간이 소중하지 않다는 뜻은 아닙니다.

지금 이 시간이 남보다 부족하고 남보다 힘들다고 해서 하찮은 것은 아닙니다. 오히려 지금 이 순간이야말로 가장 행복한 때일지도 모릅니다. 감사의 진정한 가치는 현재를 돌아볼 때 찾아옵니다. 지금이 얼마나 소중하고 행복한 순간인지를 알아차릴 때, 비로소 자신의 삶에 대해 감사함을 깨닫게 됩니다.

오늘 조금 부족하더라도 내일은 더 풍족해질 꿈을 꿀 수 있다는 것이 얼마나 감사한지 모릅니다. 오늘 조금 낮은 곳에 있더라도 내일은 조금 더 높은 곳으로 올라갈 계획을 세울 수 있다는 것이 얼마나 감사한지 모릅니다. 오늘 슬펐더라도 내일은 오늘보다 덜 슬플 것이기에 얼마나 감사한지 모릅니다.

저 유명한 〈언더우드의 기도〉에 나오는 한 구절 한 구절처럼, 지금 우리가 당연하게 생각하는 모든 것이 누군가에게는 간절한 꿈일지도 모릅니다.

우리는 매 순간 숨 쉬는 것을 미처 의식하지 못하지만, 육체의 고통을 겪고 있는 중환자들에게는 혼자 힘으로 숨 쉴 수 있는 것만으로도 기적일지도 모릅니다. 목마르면 물을 마시고 땀이 나면 수돗물을 틀어 샤워를 하는 것을 우리는 당연하게 여기지만, 물이 부족한 곳에 사는 어떤 사람들에겐 씻고 마실 수 있는 물 한 방울 얻는 것이 기적일지도 모릅니다.

지금 이 순간 당신이 살아 숨 쉬고 있다는 것. 그것 자체만으로도 얼마나 큰 기적이고 감사한 일인지 모릅니다.

범사에 감사하라

"항상 기뻐하라. 쉬지 말고 기도하라. 범사에 감사하라.
이는 그리스도 예수 안에서 너희를 향하신 하나님의 뜻이니라."

성경의 데살로니가전서 5장에 나오는 위 말씀은 비단 기독교인이 아니더라도 종교와 상관없이 많은 이들이 살면서 한 번쯤 들어보았을 것입니다. 그래서 매우 익숙하게 알고 있는 구절일 것입니다. 너무 익숙한 나머지 오히려 진정한 의미를 잊고 있는 말일지도 모릅니다. 어떻게 해야 항상 기뻐할 수 있고 모든 일에 감사할 수 있는지 잘 모르고 사는 경우가 많기 때문입니다.

그런데 '범사에 감사한다' 라는 것은 도대체 어떤 뜻일까요?
앞 구절의 뜻을 반대로 생각해보면 더 쉽게 이해할 수 있습니다. '범사에 감사하라' 는 메시지를 반대말로 뒤집어보면 다음과 같이 바뀔 것입니다.

"항상 낙심하라. 쉬지 말고 원망하라. 범사에 불평하라."

어떻습니까? 기뻐할 일보다는 낙심할 일이 많다고 생각하고 있지 않은가요? 기도하는 대신 원망하고 있지는 않은가요? 범사에 감사하는 대신 불평불만을 내뱉으며 살고 있지는 않은가요? 낙심하고 실망하고 원망하고 불평을 일삼는 하루하루가 당신의 현재를 지배하고 있지는 않은가요?

> ♣ **일상의 감사 연습을 시작하기 위한 체크리스트 5**
>
> 1. 이제까지 살아오면서 고마운 사람들을 떠올려 봅시다.
> 2. 이제까지 살아오면서 가장 기쁘고 충만했던 사건을 떠올려 봅시다.
> 3. 이제까지 살아오면서 나를 정말 지지해주고 격려해준 사람을 떠올려 봅시다.
> 4. 당시에는 힘들었지만 오늘까지의 나를 발전하게 해준 사건을 떠올려 봅시다.
> 5. 오늘 하루 눈떠서 잠들기 전까지 의식주 생활을 가능하게 해준 사물과 사람을 5가지 이상 떠올려 봅시다.

홍해를 건넌 후 불평한 이유는?

오래 전 이집트의 지배하에 수백 년간 노예 생활을 하던 이스라엘 백성들은 자유인으로 해방되던 순간, 홍해를 건너고 난 직후, 가슴 벅찬 감사를 느꼈을 것입니다.

그러나 감사의 마음이 불평으로 바뀌기까지 그리 오래 걸리지 않았습니다. 노예 신분에서 벗어난 것만으로도 감사하던 많은 이들이

가나안 땅으로 향하는 험난한 광야에서 이내 불평하기 시작했습니다. 하나님의 만나를 받아먹던 첫 순간에 기뻐하던 많은 이들이 이내 먹을 것이 풍족하지 않다며 불평하기 시작했습니다.

바다에 빠져 죽지 않고 홍해를 무사히 건넌 것만으로도 감사하던 많은 이들이, 가나안으로 가는 여정에서 겪은 모든 불편함에 대해 불평하기 시작했습니다.

그들이 과연 먹을 것이 없어서, 길이 험해서, 마실 물이 부족해서 불평을 한 것일까요?

아닙니다. 그들이 불평한 모든 것은, 사실 알고 보면 그들에게 감사의 마음을 불러일으킨 바로 그 원인이 되는 모든 것이었습니다. 그들은 불평할 만해서 불평한 것이 아니라, 불평을 하기로 마음먹었기 때문에 불평을 한 것입니다. 감사할 일이 없었던 것이 아니라, 감사하지 않기로 마음먹었던 것입니다. 감사와 불평의 원인은 결국 외부에 있는 것이 아니라 우리의 마음과 선택에서 비롯되는 것입니다.

감사는 깨어 있는 의지다

범사에 감사하라는 것은, 감사할 만큼 좋은 일이 일어난 후에 감사하라는 뜻이 아닙니다. 당신의 의지로, 당신의 뜻으로, 감사를 선택할 수 있다는 뜻입니다.

독일 출신의 영성가 에크하르트 톨레(Eckhart Tolle)는 《지금 이 순간을 살아라》라는 책에서 이렇게 말했습니다.

> "지금 이 순간 생생하게 깨어 있어야 한다. 불행까지도 생생하게 인식하고 관찰할 때 비로소 그것으로부터 자유로워 진다. 지금의 상실은 곧 존재의 상실이다."

위의 말처럼 지금 행복해야 행복할 수 있고, 지금 감사해야 감사할 수 있습니다.

어쩌면 천국과 지옥이 바로 여기에서 나뉩니다. 현재에 대한 감사가 가득한 삶이야말로 천국이나 마찬가지이고, 현재에 대한 불평과 원망이 가득한 삶은 지옥이나 다름없을 것입니다.

♣ 현재의 삶에 감사하는 연습은 이렇게

- 나의 비전을 실현할 수 있도록 이 세상에 태어나서 감사합니다.
- 사랑하는 가족을 만날 수 있어서 감사합니다.
- 있는 그대로, 지금 나 자신과 내 모습에 감사합니다.
- 가족을 부양할 수 있어서, 혹은 나를 필요로 하는 모든 이들을 위해 일할 수 있어서 감사합니다.
- 나의 가족들에게 장점이 있고 단점도 있지만 그 모든 것을 사랑할 수 있고, 있는 그대로 소중하기에 감사합니다.
- 내가 경험한 모든 것들이 나를 발전할 수 있게 해주어 감사합니다.
- 고통이 나를 성장시켜줘서 감사합니다.
- 나를 지지해주는 사람들에게 감사합니다.
- 나에게 반대하는 사람들에게도 감사합니다.
- 다른 이들을 사랑할 수 있고 다른 이들에게 봉사할 수 있어서 감사합니다.
- 앞으로 더 좋은 일이 생길 수 있고 더 좋은 기회를 잡을 수 있다는 가능성이 있기에 감사합니다.

3. 역경에도 감사해야 하는 이유는

> 〈8가지 행복〉
>
> 1. 심령이 가난한 자는 복이 있나니 천국이 저희 것임이요
> 2. 애통하는 자는 복이 있나니 저희가 위로를 받을 것임이요
> 3. 온유한 자는 복이 있나니 저희가 땅을 기업으로 받을 것임이요
> 4. 의에 주리고 목마른 자는 복이 있나니 저희가 배부를 것임이요
> 5. 긍휼히 여기는 자는 복이 있나니 저희가 긍휼히 여김을 받을 것임이요
> 6. 마음이 청결한 자는 복이 있나니 저희가 하나님을 볼 것임이요
> 7. 화평케 하는 자는 복이 있나니 저희가 하나님의 아들이라 일컬음을 받을 것임이요
> 8. 의를 위하여 핍박을 받은 자는 복이 있나니 천국이 저희 것임이라

　신약성서의 마태복음 5~7장에 해당되는 〈산상수훈〉은 예수님의 말씀 중에서도 가장 유명하고, 성서 전체를 통틀어도 가장 중요한 대목이라 할 수 있습니다. 그래서 다른 대목에 비해 유독 다양하게 해석되고 있으며 지금까지도 빈번히 인용되고 설교되는 부분입니다.

예수가 갈릴리 산 아래 몰려든 사람들에게 이야기한 것에서 유래한 이 부분을 현대적으로 이해한다면 이 또한 행복과 감사에 대한 핵심적인 지침이 될 수 있습니다. 행복한 사람이란 부유하고 배부른 사람이 아니라 가난하고, 슬퍼하고, 굶주리고, 핍박 받는 사람이라고 이야기하고 있기 때문입니다.

위기와 역경과 고통이 오히려 축복이고 감사할 일이라는 것. 이것을 가장 집약적으로 보여주는 것이 예수의 삶입니다. 남에게 배신 당하고, 핍박 받고, 조롱 당하고, 가슴 아파하고 결국 33세라는 젊은 나이에 고통 속에 죽어간 삶.

죽음을 목전에 두고도 제자들과의 만찬에서 빵과 포도주를 나눠주며 감사한 삶을 통하여, 고통과 역경이 어떻게 축복이 될 수 있는지를 전 세계인에게 몸소 보여주었기 때문입니다.

> ♣ **역경과 시련으로 인한 부정적 사고를 긍정으로 변환시키는 3단계**
>
> 1단계 발견: 부정적인 상황을 부정적으로만 인식하려 하는 기존의 사고 습관을 발견한다.
> (예: '실패했으니까 난 불행해'라고 생각하는 습관이 평생 반복되고 있었음을 알아차리기)
> 2단계 전환: 같은 상황을 부정적으로가 아니라 긍정적으로 인지해 본다.
> (예: '실패했으니까 난 불행해' → '실패와 시련 때문에 배울 수 있어서 차라리 다행이야'로 전환하기)
> 3단계 변화: 새롭고 또 다른 종류의 실패, 역경, 시련의 상황이 닥쳤을 때 긍정과 감사의 요소를 즉각 발견한다.
> (예: '역경과 시련이 닥쳤지만 감사하고 행복할 수 있어'라고 생각하는 습관에 익숙해지기)

역경은 선물이다

구약성서에 나오는 인물인 하박국은 기원전 7세기경 유다 왕국의 선지자였습니다.

당시는 유다 왕국이 약해지고 바빌론 제국이 중동의 신흥 강대국으로 부상하면서 이웃나라를 침략하던 때였습니다. 국운이 쇠퇴하고 백성이 굶주리며 온 나라가 전운에 휩싸인 상황에서, 선지자는 극심한 고뇌에 시달리게 됩니다.

"왜 이 세상은 악인이 득세하고 의인이 핍박받는가?
왜 죄 없는 사람들이 환난을 겪어야 하는가?
왜 강자가 약자를 짓밟는가?"

당시 혼란한 현실과 선지자의 고뇌는 오늘날 세계의 현실과 빗대어보아도 놀랍도록 비슷합니다. 강자가 약자를 짓밟고, 악한 사람은 부와 명예를 얻는데 선한 사람들이 고통을 겪고, 노력을 했음에도 역경을 겪는 일들이 국가뿐만 아니라 개인에게도 끊임없이 일어나고 있습니다. 지금 이 순간에도 전쟁으로 인해 고통 받는 죄 없는 사람들이 있고, 부당한 시련을 겪는 이들이 주변에 무수히 많습니다. 수천 년 전부터 인류가 겪은 일들은 어쩌면 현대까지 끊임없이 반복되는 것일지도 모릅니다.

괴로워하던 하박국은 기도하고 또 기도합니다. 타락한 위정자들, 전쟁터에 끌려가는 선량한 젊은이들, 경제적인 빈곤, "무화과나무가 무성하지 못하고, 포도나무에 열매가 없고, 감람나무에 소출이 없고, 밭에 작물이 나지 않고, 우리에 양이 없고, 외양간에 소가 없는" 상황, 가축이 없어 제사도 올릴 수 없고 성전은 파괴되는 절망의 상황 속에서 기도를 거듭한 그는 문득 놀라운 깨달음과 마주합니다. 그 깨달음은 다음과 같습니다.

"이제 아무것도 없지만 하나님에 대한 감사만큼은 포기할 수 없다."

그 후 그의 기도는 다음과 같은 패턴으로 바뀝니다.

"기쁨이 아니라 슬픔도 감사합니다.
희망이 아니라 절망도 감사합니다.
풍족할 때가 아니라 부족할 때도 감사합니다.
승리가 아니라 패배도 감사합니다.
생명이 아니라 죽음도 감사합니다."

그는 국가적인 환난과 시련으로 인해 오히려 신앙이 굳건해지고 심지가 강해졌음을 알았습니다. 시련 때문에 오히려 소중한 것이 무엇이었는지를 깨달았습니다. 시련 덕분에 오히려 인내하는 법을 배웠음을 깨달았습니다. 모든 것을 잃은 상황이기에 오히려 하나님의 구원을 얻을 수 있음을 알았습니다.

  아무리 극심한 역경을 겪을지라도 선한 자들과 의인은 구원을 얻게 될 것이고 악인은 심판을 당하게 될 것임을 깨달은 그는, 역경 때문에 불평하는 것이 아니라 역경 때문에 감사할 수 있음을 깨닫습니다. 이러한 깨달음은 후대 신학사상의 가장 중요한 기초 교리로 역할을 하게 됩니다. 하박국, 그의 이름의 의미는 '포옹하다, 껴안다' 라는 뜻입니다.

시련은 어떻게 축복이 되는가?

  신은 선한 사람에게 시련을 안긴 것이 아닙니다. 누구나 겪을 수 있는 고통과 시련을 오히려 단련의 기회로 삼을 수 있게 해주고 그로 인해 더 감사할 수 있는 계기를 만들어줍니다. 고통이나 환난 자체에 의미가 있는 것이 아니라, 그것을 어떻게 극복할 것인가에 의미가 있습니다. 위기나 시련이 왜 일어났느냐에 주목하는 것이 아니라, 위기나 시련을 전화위복으로 삼을 수 있다는 것에 주목해야 합니다. 뭔가를 잃었다고 하여 절망하는 것이 아니라, 뭔가를 잃었기에 새로 얻을 수 있는 것이 있음에 감사할 수 있습니다. 닫힌 문 앞에서 주저앉을 것이 아니라, 닫혀 있기에 다음에는 열릴 수 있음을 빨리 알아차려야 합니다. 동양에서도 이와 비슷한 사상을 찾을 수 있습니다. 맹자는 다음과 같은 말을 남겼습니다.

"하늘이 누군가에게 큰 임무를 내리려 할 때는 그가 행하는 일마다 그가 원하던 바와는 완전히 다르게 엉망으로 만들어놓는다. 그렇게 함으로써 그 사람을 참고 견디게 하여 예전에는 해내지 못하던 일을 더욱 잘 해낼 수 있게 해준다."

> ♣ **부정적 사고와 긍정적 사고의 3가지 결정적 차이점**
>
> 1. 원인
> 부정적 사고 : 실패나 시련의 원인이 자신 탓이며 반복될 것이라고 생각한다.
> 긍정적 사고 : 실패나 시련의 원인이 외부에 있으며 바뀔 수 있다고 생각한다.
>
> 2. 지속
> 부정적 사고 : 고통을 주는 상황이 앞으로 지속될 것이라고 생각한다.
> 긍정적 사고 : 고통을 주는 상황이 일회적이거나 일시적인 것이라고

생각한다.

3. 개선
부정적 사고 : 낙담하고 더 이상 아무런 조치를 취하지 않는다.
긍정적 사고 : 실패와 시련을 통해 개선시킬 수 있는 뭔가를 찾아낸다.

(예) 타인의 잘못으로 고통사고를 당해 병원에 입원했을때
- 부정적 사고 패턴의 예
1. 원인 : '아무 잘못 없는 나에게 왜 이렇게 재수 없는 일이 일어나지?'
2. 지속 : '내 인생이 늘 이렇지 뭐.'
3. 개선 : '입원 기간 동안 아무것도 할 수 없으니 망했군.'

- 긍정적 사고 패턴의 예
1. 원인 : '내 잘못이 아니었으니 어쩔 수 없었어.'
2. 지속 : '살다 보면 이런 사고가 날 수도 있구나. 그래도 다음부터는 좀 더 조심해야겠다.'
3. 개선 : '크게 다치지 않아 천만다행이다. 입원 기간을 휴가 기간으로 삼아 오랜만에 휴식을 취하고 머리도 식힐 수 있겠다.'

4. 당연한 모든 것에 감사하기란?

최근 영화로도 개봉된 《꾸뻬 씨의 행복 여행》은 프랑스의 정신과 의사 프랑수아 를로르의 소설을 원작으로 한 작품입니다. 의사 자신의 임상 경험을 바탕으로 한 이 소설은 주인공인 정신과 의사가 진정한 행복의 의미를 찾기 위해 떠난 여행에 대한 이야기로, 출간과 함께 전 세계적인 베스트셀러가 되고 영화화되었습니다.

'진정한 행복이란 무엇일까?'
'행복하기 위해서는 어떻게 해야 할까?'

누구나 살면서 이런 의문을 가져본 적이 있을 것입니다. 이 책 속의 꾸뻬 씨도 마찬가지였습니다. 그런데 세계 여러 곳으로의 여행과 만남을 통해 꾸뻬 씨가 깨달은 행복의 조건은 그리 거창한 것이 아니었습니다.

"꾸뻬는 이것이 지금까지의 그 어떤 것보다 새로운 배움이라는 느낌이 들었다. 모든 생각을 멈추고 세상의 아름다움을 바라볼 시간을 갖는 것, 그것이 진정한 행복이라는 것을."

자신의 주변을 잠시 바라보는 것, 좋아하는 일을 하는 것, 남과 비교하지 않는 것, 좋아하는 이와 함께 하는 것…….

결국 행복이란 "삶에 대해 만족을 느끼는 것"이자 "자신에게 무슨 일이 일어나든지 받아들이고, 마음의 평온함을 유지하는 것"이기도 하다고 주인공은 이야기합니다. 또한 "우정, 사랑, 나눔, 다른 사람들의 행복과 불행에 주의를 기울이는 것, 자신이 다른 사람들에게 쓸모가 있다고 느끼는 것"도 행복이라고 말합니다.

소설 속에서 행복을 찾는 여행을 마치고 돌아온 꾸뻬 씨는 다음과 같은 글귀가 적힌 카드를 사람들에게 선사합니다.

"춤추라, 아무도 바라보고 있지 않은 것처럼.
사랑하라, 한 번도 상처받지 않은 것처럼.
노래하라, 아무도 듣고 있지 않은 것처럼.
살라, 오늘이 마지막 날인 것처럼."

이 작품의 저자인 프랑수아 를로르는 행복해지는 것은 의무가 아니라고 말하면서, "내가 행복하지 않은 이유는 게으르고 많이 부족하기 때문"이라고 생각하느라 사람들이 불행을 느낀다고 지적합니다. 즉, 불행하지 않으면서도 불행한 사람들이 많다는 것입니다.

작품 속 주인공 꾸뻬 씨가 여행을 통해 깨달은 것처럼, 그리고 저자가 이야기한 것처럼, 행복이란 절대적인 조건도 목표도 아닙니다.

지금 이 순간 내 주변에 있는 것, 당연하게 여겨온 모든 것들이 어쩌면 행복일지도 모릅니다.

당연한 것에 감사한 이유

《탈무드》에는 자연의 모든 것과 함께할 수 있음에 감사하라는 말이 있습니다. 들을 수 있고 볼 수 있고 맛볼 수 있는 모든 것. 그래서 유대인들은 날마다 감사할 거리를 찾는 습관을 어릴 때부터 들인다고 합니다.

감사하는 마음이라는 것은 특별한 사건이나 행운을 향해 갖는 것만은 아닙니다.

평범한 일상, 늘 곁에 있는 가족, 다른 날과 다를 것 없는 소박한 한

끼 밥상, 매일 아침 눈 뜨는 것, 매 순간 숨 쉬는 것이 모두 감사의 대상입니다.

사람들은 몸이 아플 때 비로소 건강했던 평범한 날들의 소중함을 깨닫습니다. 다리에 부상을 당해 깁스를 하고 나서야 비로소 평상시의 멀쩡한 두 다리에 감사하게 됩니다. 죽음의 위협을 느끼는 순간 비로소 살아 있음에 감사함을 느낍니다.

감사의 마음을 갖는다는 것은 이처럼 평범하고 당연한 것들, 그래서 그동안 소중하고 감사하다고 느끼지 못했던 모든 것을 되돌아본다는 뜻입니다. 우리의 삶에 평화와 안정을 주고 삶을 계속 지속시켜 주는 진정한 힘은 바로 이 '당연한' 모든 것에서 오기 때문입니다.

함께 밥상에 마주 앉을 수 있는 식구가 있다는 것, 가정이 있다는 것, 일할 수 있는 일터나 일거리가 있다는 것, 일용할 양식이 있다는 것, 비바람을 피할 집이 있다는 것, 입을 옷이 있다는 것, 매일 어김없이 해가 뜨고 진다는 것…….

당연하고 하찮아 보이는 모든 것들이야말로 우리를 사람답게 해주는 일상의 기적입니다.

감사하는 만큼 행복해진다

> "신은 오늘 하루만 8만6,400초라는 시간을 선물로 주셨다. 그중 1초라도 감사하다는 말을 하는 데 썼는가?"
>
> -윌리엄 워드

왜 1분 1초 매 순간이 기적이고 감사의 대상일까요?

그것은 지금 이 순간 자신이 갖고 있는 모든 당연한 것이 없다고 가정했을 때 더욱 확연히 드러납니다.

지금 이 순간 두 눈으로 세상을 볼 수 있다면, 반대로 두 눈으로 세상을 볼 수 없다고 가정해 보는 것입니다. 지금 이 순간 두 귀로 소리를 들을 수 있다면, 아무 소리도 들을 수 없는 상황을 가정해 보는 것입니다.

진정한 행복은 얼마나 소유했는지가 아니라 얼마나 감사할 줄 아느냐에 달려 있다고 합니다. 돈이 많아서, 좋은 직장에 다녀서, 큰 집에 살아서 행복한 것이 아니라, 그런 소유물들과 상관없이 감사한 것이 행복합니다. 볼 수 있는 삶, 들을 수 있는 삶, 말할 수 있는 삶뿐만 아니라 헬렌 켈러처럼 볼 수 없고, 들을 수 없고, 말할 수 없을지라도 위대한 영혼이 있기에 감사한 것이 더 큰 행복입니다.

전 세계 인구 중 기아나 영양실조에 시달리는 인구는 무려 8~10억 명에 이른다고 합니다. 제대로 된 수도 시설이 없어 깨끗한 식수를 구하지 못하는 인구가 10억 명이고, 전기 불빛이 없거나 부족한 인구도 20억 명에 이릅니다. 또한 지금 이 순간에도 전쟁과 내전으로 고통받는 무고한 사람들이 수억 명에 달합니다. 이 수억 명의 사람들이 간절히 바라는 기적이 바로 우리의 평온한 하루일 수도 있습니다.

그들보다 나은 환경에 처해 있음을 따지기 전에 우리 자신의 삶을 있는 그대로 긍정하고 있는 그대로 소중히 여길 줄 아는 태도. 그것이 곧 감사하는 태도입니다.

> ♣ **인간관계에 미치는 감사의 파급력 3가지**
>
> : 공감 - 소통 - 위기돌파
>
> 1. 공감력
> : 감사는 '내가 당신과 같은 상황이라면' 이라는 사고로 이어진다. 이로 인해 타인의 상황과 입장을 이해할 수 있는 공감력이 향상된다.
>
> 2. 소통력
> : 감사는 '내가 당신과 다른 상황이라면' 이라는 사고방식도 가능케 한

다. 이로 인해 나와 다른 처지나 상황에 처한 사람과 의사 소통하는 능력이 향상된다.

3. 위기돌파력
: 타인과의 공감과 소통이 원활해지면 사회생활과 인간관계에서 돌발적으로 벌어지는 다양한 위기상황을 극복할 수 있는 위기돌파 능력이 향상된다.

5. 감사에는 조건이 없다

감사에도 종류가 있습니다. 그 종류를 크게 나눠보면 3가지입니다.

첫 번째 감사는 우월함에 대한 감사입니다.
남보다 부유해서, 남보다 많이 가져서, 남보다 잘 되어서, 남보다 성공해서, 남보다 빨리 가서 감사하는 것입니다.

이런 이유로 감사하는 사람은 대개 이기적인 어린아이 같은 마음을 갖고 있는 경우가 많습니다. 그래서 반대의 경우, 즉 남보다 가난하고, 남보다 적게 가지고, 남보다 실패하고, 남보다 늦게 가게 되면 즉각 실망하며 남을 미워합니다. 나보다 못한 사람이 눈앞에 있어야만 감사하게 됩니다.

자신에 대한 우월감과 타인에 대한 이기심으로 똘똘 뭉친 이러한 감사는 감사의 진정한 본질과는 동떨어져 있습니다.

두 번째 감사는 조건부 감사입니다.
감사할 일이 있어야만 감사하는 것입니다. 복권에 당첨되어서, 돈이 많이 생겨서, 좋은 학교에 합격해서, 좋은 직장에 들어가서, 좋은 선물을 받아서 감사하는 것입니다.

기쁜 일, 좋은 일, 횡재와 같은 뜻밖의 소식이 있어야만 감사하는 것은 조건부 감사입니다. 타인에 대한 이기심이 있는 것은 아니지만, 특별한 사건이 아닌 평상시의 소중한 것들에 대해서는 감사할 줄 모르는 경우가 많습니다.

좋은 일이 있어야만 감사하는 조건부 감사는 대부분의 사람들이 갖고 있는 감사에 대한 막연한 개념입니다.

세 번째 감사는 무조건 감사입니다.

주어진 상황이 행운이든 불행이든, 좋은 일이든 나쁜 일이든 어떠한 상황에서도 감사할 줄 아는 것입니다.

설령 역경과 시련의 상황일지라도 '그럼에도 불구하고' 감사할 수 있는 뭔가를 찾아냅니다. 나쁜 일이 닥쳤을 때 여전히 감사하면서 불행을 행운으로 전환시킬 수 있는 기회로 만들고 방법을 모색합니다. 조건 때문에 감사하는 것이 아니라 의지를 내어 감사하고 의식적으로 감사하는 것입니다.

어떠한 상황에서도 감사할 줄 아는 세 번째 감사가 진정한 감사의 본질입니다.

'그럼에도 불구하고' 감사하라

기쁜 일이 있을 때 감사하기는 쉽습니다. 행운에 대해 감사하는 것은 누구나 쉽게 할 수 있는 일입니다. 선물을 받았기에 감사하는 것은 어린 아이라도 가질 수 있는 마음입니다.

그러나 감사의 본질은 기쁜 일이 있건 슬픈 일이 있건 무조건적으로 감사하는 데 있습니다. 무조건적인 감사란 요행을 바라지 않는 마음이요, 불행조차도 행복으로 변화시키겠다는 의지의 산물입니다. 그렇기 때문에 진정한 감사는 '그래서 감사'가 아니라 '그럼에도 불구하고 감사' 하는 것이라 할 수 있습니다.

작은 것에도 감사하고, 실패 가운데에서도 감사하고, 좌절해도 감사하고, 절망 속에서 감사하라는 것은 터무니없는 마음을 억지로 가지라는 뜻이 아닙니다. 없는 것에서, 실패 속에서, 낙담 속에서 감사할 때 비로소 역경을 극복할 실마리를 찾을 수 있고, 문제를 해결할 돌파구를 찾을 수 있기 때문입니다.

자신에게 없는 것이 아니라 있는 것이 무엇인지를 보고, 큰 것이 아니라 작은 것부터 돌아보고, 좌절의 상황 속에서 최소한의 가능성을 찾아낼 때 비로소 인간의 잠재력이 발휘됩니다. 잠재력이 발휘되면 불가능한 것도 가능하게 만들 수 있는 힘이 생깁니다.

그래서 어떤 이는 이런 말을 했습니다.

"매사가 잘 풀릴 때 보다는 오히려 안 풀릴 때, '감사합니다' 라는 말을 일부러 더욱 자주 했습니다."

즉 감사를 함으로써 어려운 상황을 타개할 힘을 얻는 것입니다. 무조건적인 감사, '그럼에도 불구하고' 감사하는 것은 인간의 지혜를 길러주고 삶에 대해 겸손할 줄 아는 성숙함을 길러줍니다.

감사는 역경의 돌파구다

구약성서에 나오는 다윗은 역경을 많이 겪은 인물입니다.
양치기 소년이었던 그는 이스라엘의 왕으로 선택된 후에도 왕위에 오르기까지 무려 13년 이상 사울 왕을 피해 도망자로 살아야 했고, 왕위에 오른 후에는 아들 압살롬의 반역 사건을 겪었습니다. 거인 골리앗을 물리친 영웅으로 알려졌지만 알고 보면 평생 고난의 삶을 살았던 사람이었습니다.
그러나 다윗은 어떠한 순간에도 감사의 기도를 올렸습니다. 그리고 "감사함으로 그 문에 들어가며 찬송함으로 그 궁정에 들어가 그 이름을 송축할지어다"라는 시를 지었습니다.

욥도 무조건적인 감사를 할 줄 아는 인물이었습니다. 선량한 품성을 지니고 태어난 그는 신의 심판을 받아 온갖 극심한 역경에 처합니다. 그리하여 재산을 잃고, 자식을 잃고, 아내에게 배반당하고, 병들어 피부에 종기를 앓고, 사람들의 조롱과 비웃음을 당합니다.

그러나 그는 원망이 아닌 오히려 감사의 기도를 올립니다. 본래 인간이 아무것도 없이 이 세상에 태어났으니 다시 아무것도 없는 상태로 돌아가서 시작하면 된다면서, "인간이 신에게 복을 받았으니 화도 받지 않겠는가?"라고 말합니다.

욥의 이러한 일화로 인해 성경의 욥기는 무조건적인 감사에 대한 다양한 해석과 통찰을 오늘날까지도 끊임없이 유도하고 있습니다.

그런가 하면 사도 바울도 고난을 많이 당한 인물로 빼놓을 수 없습니다. 바울은 복음을 전하던 중 감옥에 갇히고 매를 맞고 굶주리고 죽을 고비를 넘깁니다. 그러한 그가 가장 강조한 것이 바로 '범사에 감사'입니다. 고난을 당해서 원망하는 것이 아니라 고난을 당함에도 불구하고 감사하는 것입니다.

질병을 통해 면역력이 키워지고, 고생을 통해 경험이 쌓이고, 땀방울을 통해 근육이 생기고, 고난의 세월을 통해 연륜이 쌓입니다. 고통은 인간을 성숙하게 만들고, 환난은 지혜를 축적시키며, 죽음의 고비는 생명의 가치를 배가시킵니다.

눈앞의 역경에 대해 감사하는 태도를 가짐으로써 오히려 역경을 이길 수 있습니다. 힘들어도 감사할 수 있다면, 새로운 기회가 반드시 다시 다가올 것입니다.

> ♣ **고난에 대처하는 두 가지 순환**
>
> 감사의 순환
> : 고난 → 감사 → 잠재력 상승 → 행동 → 문제 해결 → 감사
>
> 불평의 순환
> : 고난 → 불평 → 잠재력 하강 → 행동하지 않음 → 미해결 → 불평

6. 감사는 영혼의 균형이다

윌리스 캐리어(Willis Carrier) 박사는 세계 최초로 에어컨의 원리를 발견하고 에어컨을 발명한 주인공이자 오늘날까지 에어컨으로 가장 유명한 회사인 캐리어 주식회사를 만든 사람입니다.

에어컨 말고도 그를 유명하게 만든 것이 또 있으니, 그것은 바로 '근심을 해결하는 공식' 입니다. 데일 카네기(Dale Carnegie)의 자기 관리 이론을 통해서 널리 알려진 이 공식은 일명 '마법의 공식' 이라 불리기도 하는데 다음과 같은 3단계로 진행됩니다.

> 1. 자신에게 일어날 수 있는 최악의 상황은 무엇인가?
> 2. 도저히 피할 수 없다면 그 상황을 받아들일 준비를 하라.
> 3. 최악의 상황을 개선할 수 있는 방법을 차분하게 생각해 보라.

위와 같은 3단계로 이루어지는 이 공식은 문제의 핵심을 발견하고, 한계를 직시하고, 해결 방법을 찾을 수 있게 하는 합리적인 방법으로 알려져 있습니다.

윌리스 캐리어가 이 '근심 해결 공식'을 세운 것은 자신의 인생 경험을 통해서였다고 합니다. 그는 젊은 시절 뉴욕의 회사에서 엔지니어로 일했는데, 하루는 미주리에 있는 공장에 가서 가스 정화장치를 설치하게 되었습니다. 주의를 거듭하기는 했지만 새로운 기술이다 보니 설치한 장비의 성능이 떨어져 손해를 볼 위기에 처했습니다. 그는 불면증과 복통에 시달릴 정도로 좌절감을 겪었는데, 이 경험이 오히려 전화위복이 되어 오늘날 알려진 '마법의 공식'을 낳게 됩니다. 그는 다음과 같이 해결방법을 찾아나갑니다.

1. 나에게 일어날 수 있는 최악의 상황은 무엇인가?

'장비의 조립 설비가 실패할 경우 2만 달러의 손해를 볼 것이다. 그러나 나를 죽이거나 구속시키지는 않을 것이다. 최악의 경우 회사에서 쫓겨날 것이다.'

2. 도저히 피할 수 없다면 그 상황을 받아들일 준비를 하자.

'손해 보는 2만 달러를 사장이 실험 비용으로 생각해줄 수도 있다. 만약 회사에서 쫓겨난다면 다른 일을 찾으면 된다.'

3. 최악의 상황을 개선할 수 있는 방법을 차분하게 생각해 보자.

'손실을 최소화하기 위하여 최선을 다해 연구한다. 연구한 끝에 5천 달러짜리 부속 장치를 설치하면 문제를 해결할 수 있음을 발견하다.'

이 3단계의 결과 그는 손해액을 줄이고 문제를 해결할 수 있게 되었습니다. 만약 좌절감에 주저앉았다면 손해는 손해대로 보고 평생 실패로 인한 트라우마에 시달렸을지도 모릅니다. 그러나 난관 속에서 돌파구를 찾음으로써 더 나은 결과를 이끌어 내었습니다.

이처럼 어떠한 최악의 상황이라 하더라도 긍정적인 면이 숨어 있습니다. 모든 일에는 좋은 점과 나쁜 점이 균형을 이루고 있으며, 이를 찾아낼 수 있게 해주는 것이 바로 감사의 힘입니다.

감사는 긍정과 부정의 균형이다

"감사하는 마음은 모든 미덕의 근원이다."

-마르쿠스 키케로

시련과 난관 앞에서도 '그럼에도 불구하고' 감사하는 것은 단순히 모든 것을 낙천적으로 받아들인다는 뜻과는 다릅니다. 감사는 무조건적인 낙관성이 아닌 '균형'을 의미합니다. 여기서 말하는 균형은 다음과 같은 것들입니다. 세상 모든 일에 긍정적인 면과 부정적인 면이 있다는 현실을 직시하는 것입니다. 평화가 있으면 전쟁이 있을 수 있다는 이치를 아는 것입니다. 친구가 있다면 원수가 있을 수 있음을 인식하는 것입니다. 협력하는 세력이 있으면 경쟁하는 세력이 있음을 아는 것입니다. 긍정과 부정 사이의 균형을 통해 영혼의 균형을 추구하는 것입니다. 감정과 이성 어느 한쪽으로도 치우치지 말고 또렷한 정신 상태가 되는 것입니다. 그리하여 영혼의 균형 상태에서 비전을 발견하는 것입니다.

이 모든 상반된 것들 사이에서 내면의 균형을 잡으려 할 때, 비로소 감사하는 마음이 진심으로 우러나올 수 있습니다. 인생도, 세상도, 우주도, 이러한 균형 속에서 조화를 이루며 존재하기 때문입니다.

균형을 이해할 때 진심으로 감사할 수 있다

다케다 와헤이는 일본의 대표적인 제과회사인 다케다 제과의 경영주입니다. 그는 '감사'를 강조하는 경영철학으로 잘 알려져 있습니다. 그는 다음과 같은 말로 유명합니다.

"하루에 3,000번 감사하면 운명이 바뀝니다."

그에게 오직 좋은 일만 운 좋게 일어났기 때문에 이런 말을 했다고 오해할 수 있습니다. 그러나 3번도, 30번도 아닌 3,000번을 매일 감사하라는 말 속에는 다양한 의미가 내포되어 있습니다.

첫째, 무조건적인 감사입니다.
둘째, 부정적인 상황에서도 감사하는 것입니다.
셋째, 감사 습관이 경영진과 직원들 모두에게 익숙해지게 하라는 것입니다.

긍정적인 상황과 부정적인 상황 모두에 감사하는 습관을 들이고 더 나은 결과를 도출하기 위해 매 순간 노력하는 것은 곧 정신의 '균형'을 의미하는 것이기도 합니다.

회사도, 가정도, 사회도, 이 우주도 균형이 이루어져야 계속해서 생존할 수 있습니다. 다양한 구성원이 모이고, 아군과 적군이 모이고, 마치 수많은 조각의 퍼즐이 모여 큰 그림을 만드는 것과 같습니다. 대립을 극복한 새로운 조화가 계속 이루어져야 균형 상태를 지속할 수 있을 것입니다.

비극 속에 희극이 있고, 서로 다른 상반된 것들이 균형을 이루고, 적대적인 것들이 상호 조화를 이루는 것이 세상의 숨은 원리라는 것을 받아들인다면, 자신에게 닥친 부정적인 상황들 속에서도 얼마든지 긍정적인 요소를 발견할 수 있을 것입니다.

진정한 감사의 마음은 바로 이 균형을 이해할 때 마음속에서 자연스럽게 우러나올 것입니다.

♣ 영혼의 균형을 이루기 위한 자기 단련 메시지

- 이 세상의 반이 나의 적수라면 나머지 반은 나의 아군이다.
- 내가 사랑하는 이들도, 내가 싫어하는 이들도, 나로 하여금 균형을 잃지 않게 해주는 사람들이다.
- 나에게 우호적인 사람과 적대적인 사람이 모두 있을 수 있음을 이해한다.
- 나를 칭찬하는 사람도 있지만 비난하는 사람도 있음을 인정한다.
- 누구에게나 단점이 있다면 장점도 있다.
- 어떤 상황에서든 후퇴가 있다면 전진도 있다.
- 나에게 나만의 고유한 가치가 있다면 다른 사람들에게도 그들만의 고유한 가치가 있음을 안다.

[Gratitude Story]

3일만 세상을 볼 수 있다면

헬렌 켈러는 보지 못하고 듣지 못하고 말하지 못하는, 보통 사람들은 상상도 하기 힘든 장애에도 불구하고 인간의 삶이 얼마나 숭고한 것인지를 알려준 여성입니다.

그녀가 남긴 〈3일 동안만 볼 수 있다면(Three Days To See)〉이라는 수필은 1933년에 발표된 이후 20세기 최고의 수필로 꼽히며 전 세계인에게 지금까지도 감동을 주고 있습니다. 우리나라에서도 교과서나 영어 교재 등에 실리며 누구나 익숙하게 접해온 글이기도 합니다. 그 내용은 다음과 같습니다.

첫째 날에는

친절과 겸손과 우정으로 내 삶을 가치 있게 만들어준 사람들을 보고 싶다. 몇 시간이고 물끄러미 바라보면서 마음속 깊이 간직하겠다.

오후가 되면 오랫동안 숲 속을 산책하면서 바람에 나부끼는 나뭇잎과 들꽃, 그리고 석양에 물든 노을을 보고 싶다.

둘째 날에는

새벽에 일찍 일어나 밤이 낮으로 바뀌는 가슴 떨리는 기적을 보고 싶다.

그리고는 박물관으로 가서 손끝으로만 만지던 조각품들을 보면서 인간이 진화해온 궤적을 눈으로 볼 것이다. 저녁에는 영화나 연극을 볼 것이다. 그리고 밤하늘의 별들을 바라볼 것이다.

셋째 날에는

아침 일찍 큰 길에 나가 사람들의 얼굴을 보고 싶다. 도시 여기저기에서 그들이 활기차게 일하며 살아가는 모습을 보고 싶다. 저녁이 되면 네온사인 반짝이는 쇼윈도의 물건들을 볼 것이다. 집으로 돌아와서는 사흘 동안만이라도 볼 수 있게 해주신 하나님께 감사의 기도를 드릴 것이다. 그리고 암흑의 세계로 돌아갈 것이다.

"나는 눈과 귀와 혀를 빼앗겼지만 영혼만은 잃지 않았기에 모든 것을 가진 것과 마찬가지다"라고 한 헬렌 켈러의 이야기는, 눈과 귀와 혀를 가지고 있음에도 불구하고 감사한 마음을 가지지 않는 많은 사람들을 부끄럽게 했습니다.
단 3일이 아니라 30년 혹은 수십 년 동안을 볼 수 있고 들을 수 있고 말할 수 있었다면, 이제 한 번쯤은 두 눈을 감고 '감사'라는 단어를 떠올려봐야 하겠습니다.

우리는 왜 남들의 평가와 비교에서 해방되지 못할까요? 왜 행복이 현실 너머의 완벽함과 남을 짓밟는 경쟁에서 온다고 생각할까요? 삶에 대한 감사를 가로막는 것은 외부의 조건이 아니라 '관점'의 차이일 뿐입니다.

2장

내 **삶**을 **가볍게** 하는
감사 습관 **통**할까?

1. 드러나는 성과가 전부는 아니다

"멍청한 녀석! 넌 역시 구제불능이야!"
학창시절 내내 선생님으로부터 이런 이야기를 듣는 아이가 있었습니다. 엄마 뱃속에서 열 달을 채우지 못하고 조산아로 태어난 이 사내아이는 커서도 말썽만 부렸습니다. 학교 성적은 바닥이어서 늘 낙제점을 받았습니다. 학교 선생님들은 그의 생활기록부에 이런 기록을 남겼습니다.
'품행이 나쁨. 야무지지 못함. 의욕이 없음. 급우들과 상습적으로 다툼. 자기 소지품을 제대로 챙기지 못함. 지각을 자주 함.'
이 아이는 결국 기준 미달의 성적 때문에 3년이나 유급을 했으며 특히 수학을 싫어하고 국어도 낙제 성적을 받기 일쑤였습니다. 명문대학교에 입학할 성적이 되지 못해 삼수 끝에 겨우 육군사관학교에 입학했지만 사관학교에서도 성적이 썩 좋지 않아 보병이 아닌 기병에 들어갔습니다. 그나마 기병대로서 크게 두각을 나타내지도 못했습니다.
한심한 말썽꾸러기, 열등생, 낙제생, 삼수생, 별 볼 일 없는 아이…….
그는 누구일까요? 그는 어떤 어른이 되었을까요?

그의 이름은 바로 '윈스턴 처칠'입니다.
제2차 세계대전을 승리로 이끈 영국의 위대한 리더이자 전설적인 정치인. 수많은 저서를 남긴 작가이자 노벨문학상 수상자. 2002년 영국 BBC 방송에서 영국인 100만 명을 대상으로 실시한 '위대한 영국인 100명'이라는 설문조사에서 셰익스피어와 뉴턴을 제치고 1위를 차지한 인물. 그의 이름을 딴 초등학교만 10개가 넘는, 명실상부한 영국의 자부심.

훗날 그가 옥스퍼드대학교의 졸업식 축사에서 남긴 말은 딱 한 마디였습니다.

"절대 포기하지 마십시오(Never give up)."

졸업식장의 장내가 물을 끼얹은 듯한 정적에 휩싸였을 때 그는 한 마디를 더 덧붙였습니다.

"절대, 절대, 절대, 포기하지 마십시오(Never, never, never give up)."

성과만능주의에 시달리는 사회

오늘날 우리 사회는 성과만능주의의 덫에 시달리고 있습니다. 어렸을 때는 성적과 점수라는 성과에, 성인이 되어서는 취업과 경제력과 성공이라는 성과에 인생의 모든 것을 걸다시피 합니다.

개인의 개성보다는 획일화된 기준에, 각자의 행복보다는 남들이 부여하는 평가와 판단에 매달리는 사회. 남을 평가할 때도 겉으로 보이는 모습과 겉으로 드러나는 획일주의적인 성과에 의해서만 옳고 그름을 단정짓는 사회.

이러한 성과만능주의 사회 속에서 사람들은 무수한 상처를 입습니다. 지금 가지고 있는 행복보다는 가지고 있지 못한 불행에 집착합니다. 범사에 감사하는 마음보다는 매사에 불평하는 마음으로 살아갑니다. 스스로 패배감에 휩싸일 뿐만 아니라 남을 탓하고 타인에게 책임을 전가합니다. 그리고 다른 사람의 판단과 다른 사람의 말 한 마디에 쉽게 좌지우지되어 흔들립니다.

무엇이 우리를 이토록 불행하게 만들었을까요?

왜 이토록 모든 사람들이 힘겹게 살고 있을까요?

겉으로 드러나는 성과에만 집착하는 태도가 지금의 불행을 불러온 것은 아닐까요?

삶에 감사할 줄 모르기 때문은 아닐까요?

관점을 바꾸면 차이가 보인다

진정 훌륭하고 행복한 삶이란 지금 당장 눈에 보이는 것이 전부가 아님을 우리는 잘 알고 있습니다.

어렸을 때 한심한 낙제생이었던 윈스턴 처칠은 비록 학교 성적은 형편없었지만 역사 과목만큼은 항상 흥미를 느끼고 독서도 열심히 했습니다. 위대한 정치인이자 작가로서 후세에 이름을 남긴 그의 어린 시절을 오로지 성적과 성과로만 평가했다면 그는 영원한 열등생으로 남았을지도 모릅니다. 그러나 관점을 바꾸면 모든 것이 달라집니다.

윈스턴 처칠이 그랬던 것처럼, 수학 점수가 꼴찌인 아이라 할지라도 다른 과목에서는 놀라울 만큼 흥미와 적성을 보일 수 있습니다. 대기업에 들어가기에는 스펙과 영어 점수가 남보다 한참 부족한 취업준비생이라 할지라도 알고 보면 대기업과는 전혀 다른 직업군에서 자신만의 창의력과 잠재력을 발휘할 수 있습니다. 어떤 이에게는 크고 넓고 비싼 아파트에 사는 것만이 행복이겠지만 다른 이에게는 작은 시골 집에서 텃밭을 일구고 살아가는 것이 더 큰 행복일지도 모릅니다.

관점을 바꾼다는 것은 무엇일까요? 그것은 성공과 행복의 기준이 오로지 한 가지라는 고정관념을 버리는 것입니다. 나의 기준과 남의 기준이 같지 않음을 인정하는 것입니다. 겉으로 드러난 성과와 객관적 수치 뒤에, 눈에 보이지 않는 더 큰 소중한 가치가 있음을 아는 것입니다. 관점을 바꾼다는 것은 남이 나를 판단하는 잣대가 절대적으로 옳지는 않다는 것을 아는 것, 또 마찬가지로 내가 남을 판단하는 잣대도 절대적으로 옳지는 않다는 것을 인정하는 것입니다.

기준이 다름을 알고 당장의 성과가 전부가 아님을 알 때, 삶을 바라보는 관점이 달라집니다. 사람을 대하는 태도가 달라집니다. 불행을 대하는 마음의 힘이 달라집니다. 그리고 이것은 결국 우리 마음속 행복감에 결정적인 영향을 끼칠 것입니다.

> ♣ **성과 만능주의에서 벗어나는 마음연습 3단계**
>
> 1. 나는 있는 그대로 가치 있는 사람이다.
> 2. 타인이 정한 기준이 나의 행복과 성공을 결정짓는 것은 아니다.
> 3. 내가 정한 기준이 타인의 행복과 성공을 판단할 수 있는 것은 아니다.
>
> **: 나 → 나의 기준 → 나의 행복**

2. 평가의 덫에서 벗어나라

그리스 신화에 나오는 피그말리온은 키프로스 섬에 사는 위대한 조각가였습니다. 그는 이 세상의 모든 여성을 혐오하여 평생을 독신으로 살고자 했습니다.

키프로스 섬 여성들은 섬에 왔다 가는 나그네들에게 몸을 파는 매춘을 하고 살았습니다. 이는 오래 전 키프로스의 여인들이 섬에 온 사내들을 박대하고 함부로 죽여 제물로 바치는 행위를 한 탓에 아프로디테 여신에게서 저주를 받았기 때문입니다.

이에 피그말리온은 현실세계의 여성과는 절대 결혼하지 않으리라 결심했습니다. 그는 신적인 솜씨를 발휘하여 마음속에 둔 이상적인 여성의 모습을 상아 조각으로 만들어 나갔습니다.

그런데 완성된 여인 조각상이 어찌나 완벽하고 아름다웠던지 결국 그는 자신이 만든 조각상과 사랑에 빠지고 말았습니다. 마치 살아있는 여인을 대하듯 옷을 입히고, 말을 걸고, 보석을 선물했습니다. 그리고 이 처녀를 아내로 맞게 해달라고 간절히 기도를 올렸습니다.

간절한 기도에 마음이 움직인 아프로디테 여신은 마침내 그의 소원을 들어주었습니다. 어느 날 피그말리온이 집으로 돌아왔을 때, 그 차가운 조각상의 살갗에 온기가 도는 살아있는 여인이 되었습니다. 이것이 그 유명한 '피그말리온 신화' 입니다.

이 신화는 오랫동안 여러 예술가들의 영감을 끊임없이 자극했습니다. 20세기의 극작가 버나드 쇼는 〈피그말리온〉이라는 희곡을 썼고, 이 작품을 다시 각색한 오드리 헵번 주연의 영화 〈마이 페어 레이디〉가 탄생하기에 이르렀습니다. 이 영화에서 독신주의자인 언어학자 헨리 히긴스 교수는 빈민가에서 꽃을 파는 가난한 처녀를 교육과 언어교정을 통해 우아한 숙녀로 변화시킵니다. 촌스러운 소녀에서 우아한 귀부인으로 바뀐 여주인공 일라이저는 극 중에서 이런 말을 합니다.
"꽃 파는 아가씨와 숙녀의 차이는 어떻게 대접받느냐의 문제예요."

어떻게 대접받고 평가받느냐에 따라 전혀 다른 결과를 가져온다는 것. 그리스의 피그말리온 이야기에서 비롯된 이 이론은 심리학에서 '피그말리온 효과'라고 불립니다. 타인의 기대와 대접에 따라 태도와 잠재력과 결과가 얼마든지 달라질 수 있다는 것을 뜻하게 되면서 현대의 교육학과 대인관계 이론 등에도 영향을 끼쳤습니다.

어떻게 평가받느냐가 인생을 바꾼다

사람들은 다른 사람의 평가에 무척 민감하게 반응합니다. 긍정적인 기대의 말 한 마디만으로도 놀라운 잠재력을 발휘하는가 하면, 부정적인 비난의 말 한 마디에 깊이 좌절 하기도 합니다.

그래서 타인과 사회의 평가는 자극제가 되기도 하지만 덫이 되어 발목을 잡기도 합니다. 문제는 긍정적인 자극이 아닌 족쇄와 덫으로 작용하는 경우입니다. 쉬운 예로 부모로부터 늘 긍정적인 기대와 격려를 받는 아이는 얼마든지 발전할 수 있지만, 늘 지적받고 야단만 맞는 아이는 문제아로 낙인 찍혀 더 이상 발전하지 못하는 경우가 많습니다. 이러한 평가의 메커니즘은 다음과 같이 작용합니다.

♣ 좋은 평가가 좋은 결과를 가져오는 메커니즘

1. 긍정적으로 평가하고 기대한다.
2. 상대방의 기대에 부응하기 위해 노력한다.
3. 노력하는 가운데 숨은 잠재력이 발휘된다.
4. 잠재력 덕분에 예전보다 좋은 결과가 나온다.
5. 좋은 결과 덕분에 더 큰 기대와 칭찬을 받는다.

♣ 나쁜 평가가 족쇄로 작용하는 메커니즘

1. 부정적으로 평가하고 기대를 갖지 않는다.
2. 상대방의 부정적 평가 탓에 아무 노력도 기울이지 않는다.
3. 노력하지 않아 능력이 발현되지 않는다.
4. 능력이 발휘되지 않아 예전보다 나쁜 결과가 나온다.
5. 나쁜 결과 탓에 기대와 평가가 더 나빠진다.

긍정보다 부정적 평가에 예민한 이유

차가운 조각상을 따뜻한 피가 도는 여인으로 변화시킨 힘은 긍정적인 기대에서 나왔습니다. 간절함을 담은 기대감, 그리고 무생물을 여인으로 대접한 정성이 불가능을 가능케 했을 것입니다.

그러나 오늘날 우리 생활에서는 피그말리온 신화와 반대되는 부정적인 평가가 더 큰 영향을 미치곤 합니다. 쉽게 말해 다른 사람이 하는 열 마디 칭찬보다 나를 향한 한 마디 비난에 상처를 받아 두고두고 마음에 새겨두는 것입니다.

심리학에서는 두뇌가 외부의 긍정적인 정보보다 부정적인 정보를 더 심각하게 받아들이도록 진화했다고 말합니다. 왜냐하면 인간이 야생에서 살아남으려면 천재지변이나 위험한 사고, 무서운 맹수, 공포스러운 돌발 상황 등 외부의 부정적인 정보를 예민하게 받아들여야 했기 때문입니다. 위험한 자연과 천적으로부터 생존하기 위해 이러한 본능이 인간의 두뇌에 깊이 각인되었던 것입니다.

그래서 현대인은 맹수에게 쫓기던 야생에서 벗어났음에도 불구하고 외부의 부정적 정보를 잘 잊지 못하는 습성을 여전히 갖고 있다고 합니다. 남이 잘해준 것보다 남이 내게 서운하게 대한 것을 더 잘 기억하고, 열 가지 행복한 일보다 한 가지 불행한 일을 더 크게 받아들이며, 열 명의 칭찬보다 한 사람의 비난을 오래 기억합니다.

그러나 타인의 부정적 평가만을 마음에 새겨두는 습성을 고수하는 한, 더 큰 발전을 이루기는 어렵습니다. 얼마든지 귀부인이 될 수 있는 빈민가 처녀가, 앞날을 바꾸겠다는 시도조차 해보지 않고 계속 빈민가에 머무르는 것과 마찬가지입니다.

부정적 평가의 덫에서 빠져나오는 방법

남의 비판을 듣고 깨달음을 얻고 개선할 점을 찾는다면 누구나 더 나은 내일을 만들 수 있고 더 나은 사람이 될 수 있습니다. 그러나 타인의 비판과 평가에 감정적으로 얽매여 가슴의 상처로만 남겨둔다면 그것은 곧 덫이자 족쇄로 작용할 뿐입니다.

사람은 누구나 남에게 상처를 받습니다. 남의 말 한 마디만으로 좌절하기도 합니다. 타인의 비난 때문에 의기소침해져 계획을 포기하기도 합니다. 그러나 그 모든 비난과 부정적 평가를 마음의 덫이 아닌 터닝포인트로 삼는다면 삶을 대하는 태도가 놀라울 정도로 달라집니다.

남의 비난은 내가 미처 몰랐던 부족한 부분을 깨우치는 기회가 될

지도 모릅니다. 상처로 작용했던 에너지를 변환시키면 발전의 발판이 될 수 있습니다. 타인의 근거 없는 비난으로 인한 마음의 상처가 오히려 자신을 단련하는 자극제가 될 수 있습니다. 세계적인 미식축구선수 하인스 워드(Hines Ward)는 이렇게 말했습니다.

> "저는 늘 '넌 못해'라는 말을 들어왔습니다. 그러나 저는 그런 말들을 동기부여의 기회로 활용했습니다."

결국 받아들이기 나름입니다. 외부의 부정적 에너지를 초월하고 극복할 때 비난의 덫과 족쇄로부터 자유로워질 수 있습니다. 그러한 자유로움에서 비롯되는 것이 바로 긍정의 에너지, 감사의 마음입니다. 그때 우리는 다음과 같이 말할 수 있을 것입니다.

> "비난해 주셔서 감사합니다. 덕분에 저의 마음이 더 단단해졌습니다."
> "평가해 주셔서 감사합니다. 덕분에 제가 더 발전했고 성장했습니다."

♣ 타인의 부정적 평가의 족쇄를 풀어내는 5가지 요령

: 수용 - 직시 - 배움 - 발전 - 실행

1. 수긍하고 수용하기:
타인의 비난이나 비판을 있는 그대로 받아들인다. '나를 이렇게 평가할 수도 있구나' 라고 생각한다.

2. 감정을 걷어내고 사실을 바라보기:
상대방의 말에 즉시 감정적으로 맞서거나 반박하지 않는다. 감정적 대응은 에너지만 소모시킬 뿐이다. 감정에서 한 발 물러서서 '팩트(Fact)'를 바라본다.

3. 배울 수 있는 점 찾기:
비난과 평가를 통해 내가 미처 몰랐던 부족한 점을 배울 수 있다. 무엇이 부족했는지에 대해 상대방에 대해 가르침을 요청하거나 이성적인 설명을 요구할 수 있을 것이다.

4. 발전의 기회로 만들기:
타인의 비난에서 감정적 요소를 걷어낸다면 오히려 발전의 기회로 삼을 수 있다.

5. 개선하고 실행하기:
의기소침하지 말고 자신을 개선시키고 실천하여 외부의 비난이나 평가가 잘못된 것임을 보여준다.

3. '비교 중독' 으로부터의 해방

영화 〈아마데우스〉를 기억하십니까? 서양음악사 최고의 천재 모차르트와 그를 시기한 또 다른 음악가 안토니오 살리에리의 이야기를 그린 작품입니다.

살리에리는 음악에 대한 열정과 재능, 그리고 깊은 신앙심을 가진 당대 제일의 음악가였습니다. 그러나 그의 앞에 인간의 영역을 넘어선 것만 같은 천재 음악가, 바로 모차르트가 나타나지요. 그러나 살리에리의 눈에 모차르트는 방종하고 게으를 뿐만 아니라 신 앞에 오만하기까지 한 철없는 작자였습니다. 살리에리는 마치 신의 사랑을 독차지한 듯 천재적인 음악들을 작곡해내는 모차르트를 보며 차츰 절망하게 됩니다.

살리에리는 하나님에 대한 신앙이 투철했으며 평생을 경건하고 성실하게 살았습니다. 그리고 누구보다도 음악을 사랑하며 좋은 음악을 만들기 위해 노력하고 또 노력했습니다. 그러나 하나님 앞에서 그토록 간절한 기도를 올렸음에도 불구하고, 정작 자신이 아닌 모차르트가 창작한 음악들이 더 뛰어나다는 것을 깨닫고 절규합니다.

살리에리는 분노와 시기심으로 견딜 수 없어 합니다. 그리고 하나님 앞에서 이렇게 울부짖습니다.

"하나님! 왜 저에게는 음악에 대한 열정만 주시고 음악에 대한 재능은 주지 않으셨습니까?"

살리에리는 하나님이 불공평하다고 생각했습니다. 자신이 그 누구보다 불행하게 느껴졌습니다. 왜 더 노력하는 자신에게 은총을 내려주지 않는지, 하나님을 원망했습니다.

그는 질투와 시기심으로 서서히 광기에 휩싸였습니다. 그리고 모차르트를 죽음으로 몰고 갈 계획을 세우고 실행에 옮기고 맙니다. 그러나 모차르트가 죽은 후 살리에리는 후회와 죄책감으로 인해 결국 정신병원에 들어가게 되고, 죽기 전 마지막으로 신부에게 고해성사를 하면서 그동안의 일을 고백합니다.

평생 모차르트에 대한 질투와 하나님에 대한 원망에서 벗어나지 못한 살리에리. 이미 뛰어난 음악가이자 존경받는 예술가였던 그를 불행하게 만든 것은 무엇이었을까요? 모차르트라는 라이벌이었을까요?

아닙니다. 그를 불행으로 몰고 간 것은 모차르트와의 '비교' 였습니다. 그는 신에게 부여받은 자신만의 존재 가치, 그 소중함과 감사함을 돌아보지 않았습니다. 그리고 '남과의 비교' 라는 족쇄에 스스로 갇힌 채 행복이 아닌 불행을 선택했습니다.

비교는 불행을 부른다

한때 유행한 '엄친아' 혹은 '엄친딸' 이라는 말은 이제 일상어가 되었습니다. 스펙 완벽하고 인물도 좋고 부모에게는 효성을 다한다는

'엄마 친구 아들 혹은 딸'이라는 존재가 이 땅의 모든 아들과 딸들을 위축시켰습니다. 한 번도 본 적 없지만 돈 잘 벌고 자상하며 가정적이기까지 하다는 '부인 친구 남편'이라든가, 상냥하고 싹싹하면서도 마음에 드는 행동만 한다는 '시어머니 친구의 며느리' 등 비슷한 파생어들도 다양하게 양산되었습니다.

"엄마 친구 아들은 서울대에 들어갔다던데 넌 왜 그 모양이니?"
흉내도 낼 수 없을 정도로 우월하고 완벽한 존재와의 비교. 사람들은 자식을 비교하고, 배우자를 비교하고, 가족을 비교합니다. 그 사람 자체를 인정해주지 않고 남과 비교해야 직성이 풀립니다.
비교를 당한 당사자는 열등감에 시달립니다. 심리학이나 교육학에서는 이렇게 비교로 인한 열등감이 증폭될 경우 부정적인 자아인식을 가지게 되어 지속적으로 영향을 끼친다고 합니다.
스스로 열등한 존재로 여기고 부정적인 자아인식을 가진 사람은 정작 자신이 가진 것을 보지 못합니다. 자기만의 존재 가치를 깨닫지 못합니다. 지금 가진 것이 얼마나 행복하고 감사한 것인지 알지 못합니다. 결국 부족함이 불행을 부르는 것이 아니라 비교가 불행을 부릅니다.

비교하는 사람은 감사를 모른다

소설가 프란츠 카프카(Franz Kafka)는 이런 말을 했다고 합니다.

> "나는 광고지를 읽지 않는다. 그것을 읽으면 내게 부족한 것을 원하게 되므로."

현대인이라면 누구나 그런 경험이 있지 않을까요? 충분히 소중하고 소박한 집에 살고 있음에도 불구하고, 잡지나 TV에 등장하는 화려하고 값비싼 연예인의 집을 보는 순간 갑자기 자기 집이 초라하게 느껴지는 것. 얼마든지 성능 좋고 이상 없는 자동차를 갖고 있음에도 불구하고 다른 사람의 외제차를 보고 갑자기 차를 바꾸고 싶은 충동을 느끼는 것. 충분히 개성 있는 외모를 가지고 있음에도 불구하고 성형수술 강박에 시달리는 것.

어쩌면 오늘날의 사회와 시대가 비교를 강요하는 것인지도 모릅니다. 지금 당신이 가진 것은 부족하며, 지금 당신이 가진 행복은 충분하지 않으며, 지금 당신의 외모는 남보다 못났다고 온 세상이 세뇌를 시키는 것인지도 모릅니다.

남과의 비교에 대한 집착은 마치 마약에 중독되는 것과도 같습니다. 있는 그대로의 자기 자신을 내버려두지 못하는 것입니다.

비교에 중독된 사람은 다음과 같은 심리적인 과정을 경험할 수 있습니다.

> ♣ **비교 강박의 과정**
>
> 1. 자존감 추락
> 2. 타인에 대한 증오
> 3. 자신에 대한 불행감

첫째, 남과의 비교에 중독된 사람은 스스로에 대한 자존감이 저하됩니다.

자기 자신을 불완전하고 열등하고 모자란 사람이라 생각합니다. 자존감이 저하되면 매사에 불만이 쌓일 수밖에 없습니다.

둘째, 이러한 불만은 자기 자신뿐만 아니라 타인에게도 화살을 돌리도록 만듭니다.

자기보다 우월한 사람, 실력 있는 사람, 성공하는 모든 사람들에 대해 그들의 실력과 노력을 있는 그대로 인정해주지 못하고 그 사람을 미워하고 시기하며 질투합니다. 살리에리가 평생 모차르트를 시기했던 것처럼, 증오와 시기심은 커져만 갑니다. 그리고 족쇄처럼 작용하여 마음을 옭아맵니다.

셋째, 자신에 대한 자존감이 낮고 타인을 증오하는 사람은 항상 불행해합니다.

그는 매 순간 자신의 삶을 불행하다고 느끼고 자신의 현재에 대해 감사하지 못합니다. 나보다 나은 사람, 나보다 나은 상황과 비교하느라 정작 지금 가진 것들에 대해 감사하지 못하는 것입니다. 그래서 남과 자신을 비교하는 강박에서 벗어나지 못하는 경우 항상 자신감이 없고, 독립적이지 못하며, 주체성이 없습니다. 그리고 남의 말 한 마디에 일희일비합니다. 타인의 평가에 예민하고, 타인의 판단만을 기준으로 삼습니다.

♣ **비교 중독자에게 없는 3요소**

1. 자긍심
2. 주체성
3. 행복감

비교 중독에서 해방되기

"남의 떡이 더 커 보인다."

위 속담처럼 사람은 누구나 남과 비교하려는 습성을 갖고 있습니다. 그러나 비교를 통한 열등감은 절대적인 것이 아닙니다. 비교로 인한 불평과 불만족은 자신의 마음에서 비롯된 것이지 절대적인 기준에 의한 것이 아닙니다.

똑같은 30평짜리 아파트에 살아도 어떤 이는 행복하다고 생각하고 어떤 이는 불행하다고 생각합니다. 60평짜리 집에 살았던 사람에겐 비좁은 집이겠지만, 10평짜리 집에 살았던 사람에게는 더없이 넓고 쾌적한 집으로 느껴질 것입니다.

이처럼 비교는 상대적입니다.

짜장면을 선택하면 짬뽕을 선택하지 않은 것이 아쉽고, 물냉면을 선택하면 비빔냉면을 선택하지 않은 것이 아쉬웠던 경험을 누구나 갖고 있을 것입니다. 그러나 짜장면을 선택했기에 짜장면의 맛을 만끽할 수 있었고, 물냉면을 선택했기에 물냉면이 가진 맛을 즐길 수 있었다는 것을 미처 생각하지 못합니다.

남과 비교하려는 습성도 일종의 중독 증세입니다. 담배나 술, 마약에 중독된 사람들이 맨 처음 금연, 금주를 하거나 투약을 중단하면 고통스럽고 힘들다고 느낍니다. 금단현상을 경험할지도 모릅니다. 그러나 중독에서 완전히 해방된 순간부터는 비로소 맑은 정신과 몸으로 살아갈 수 있게 됩니다.

비교 중독도 마찬가지입니다. 타인과의 비교에서 자유로워지는 순간 내가 가진 모든 것에 감사하게 되고 진정한 행복을 만끽할 수 있습니다. 결국 행복이란 자신이 주체적으로 선택하는 것입니다. 불행도 자신이 불행하겠다고 선택했기에 불행한 것입니다. 비교 강박에서 벗어나고 지금 가진 것의 가치를 깨달음으로써 행복을 느끼고 매사에 감사할 수 있습니다.

♣ 비교 중독에서 해방되는 5단계

1. 나는 지금 이대로도 유일무이하고 가치 있는 존재임을 알아차린다.
2. 우월함에 대한 기준은 절대적인 것이 아님을 깨닫는다.
3. 나보다 나은 사람과 상황에서 배울 점을 찾는다.
4. 배울 점을 배우되 똑같이 될 필요는 없음을 안다.
5. 나만의 가치를 덧붙이고 내 삶을 인정한다.

4. 완벽하지 않아서 더 행복하다

러시아의 대문호 톨스토이는 〈사람에게는 땅이 얼마나 필요한가?〉라는 재미있는 단편소설을 남긴 바 있습니다. 이 이야기 속에서 가난한 소작농인 주인공에게 지주가 흥미로운 제안을 합니다. 지주는 땅을 판다고 하면서 다음과 같은 조건을 내걸었습니다.

"단돈 1,000루블만 내시오. 그러면 당신이 오늘 해가 지기 전에 걸어서 출발점으로 돌아올 수 있는 지점까지의 땅을 모두 당신에게 주겠소."

하루 안에 걸어서 돌아올 수 있는 지점까지의 방대한 땅을 모두 가질 수 있다는 말에 소작농은 눈이 번쩍 뜨입니다. 그래서 더 넓은 땅을 차지하기 위해 전력질주를 시작합니다. 하루 종일 달리고 또 달립니다. 숨이 턱까지 차오르고 죽을 만큼 힘들었지만 그는 발걸음을 멈추지 않았습니다. 조금만 더 발걸음을 내디디면, 그 발걸음만큼의 땅을 더 가질 수 있기 때문입니다. 그는 끝까지 미련을 버리지 못했습니다. 해가 지기 전에 출발점으로 되돌아가야 하는데도 그는 걸음을 멈추지 못합니다. 마침내 출발점으로 간신히 돌아오긴 했지만, 하루 종일 몸을 너무 혹사시킨 탓에 그만 피를 토하며 그 자리에서 죽고 맙니다. 결국 그가 갖게 된 땅은 죽어서 묻힌 자기 키 만큼의 땅이 전부였습니다.

진정한 행복의 조건이란

어떻게 해야 행복해질 수 있을까요? 어떻게 해야 현재의 행복에 감사한 마음을 가질 수 있을까요?

누군가는 이렇게 이야기할지 모릅니다.

"로또에 1등으로 당첨되면 행복할 것 같아요. 돈만 있으면 뭐든지 할 수 있을 테니까요."

또 누군가는 이런 말을 할지도 모릅니다.

"성형수술을 해서 영화배우처럼 아름다워질 수만 있다면 더할 나위 없이 행복할 거예요. 아무도 나를 무시하지 않을 테니까요."

이처럼 사람들은 지금 갖고 있지 못한 것에 대해 아쉬워합니다. 막대한 부와 드높은 명예와 완벽한 외모를 가지지 못했기에 행복하지 않다고 여깁니다. 그래서 감사한 마음을 가질 수 없다고 말합니다. 쉽게 말해서, 부족함이 불행의 원인이라고 생각합니다.

만약 다음과 같은 조건을 갖는다면 어떨까요?

1. 재산 : 풍요로운 의식주를 영위하는 데 있어서 약간 부족한 재산을 갖고 있다.
2. 외모 : 모든 사람이 찬사를 보낼 만한 외모는 아니다.
3. 명예 : 세상이 나를 완전히 인정해주지 않아서, 자신이 생각했던 것의 반밖에 인정받지 못하는 명예와 명성을 갖고 있다.
4. 체력 : 체력과 싸움 실력이 출중하지 않아서, 남과 겨뤘을 때 한 사람 정도는 이길 수 있어도 두 사람 이상에게는 진다.
5. 말솜씨 : 언변이 그리 뛰어난 편이 아니어서, 사람들 앞에 서서 연설을 했을 때 청중의 반 정도만 박수를 친다.

위 5가지 조건들은 '완벽'과는 거리가 멀어 보입니다. 그리고 극소수를 제외하고 대다수의 평범한 사람들이 '맞아, 나도 그래'라며 고개를 끄덕일 만한 조건들일지도 모릅니다.

놀랍게도 위 5가지 조건은 고대 그리스의 철학자 플라톤이 이야기한 '행복의 조건'입니다. 모든 조건이 완벽한 것보다는, 조금은 부족해 보이고 가진 게 그리 많지 않을 때 인간은 더 행복할 수 있다는 것입니다.

부족함을 알기 때문에 감사하다

현대인은 '완벽하지 않음'에 대한 강박관념을 안고 삽니다. 더 부자가 아니기 때문에, 더 완벽한 외모가 아니기 때문에, 더 강하지 않기 때문에, 더 유명하지 않기 때문에 부족하다고 생각합니다.

그런데, 완벽하다는 것은 과연 무엇을 뜻하는 것일까요? 얼마나 가져야 완벽한 삶을 누릴 수 있고, 어떤 환경이 조성되어야 완벽한 행복을 만끽할 수 있는 것일까요? 우리가 가진 것들에 대한 불만족스러움은 어쩌면 핑계에 불과한 것은 아닐까요? 내면의 불균형의 원인을 외부의 조건에서 찾으려는 것은 아닐까요?

예전에 한 경제 전문지에서 실시한 설문조사에 의하면, 인터넷 검색창에 '외로움'이라는 단어를 가장 많이 검색하는 나라들은 하나같이 경제적으로도 풍요롭고 GNP도 높은 국가들이었다고 합니다. 또 매년 실시하는 행복지수 조사에서도 국민들이 스스로 행복하다고 느끼는 비율이 높은 나라와 그 나라의 경제 수준은 일치하지 않는 것을 볼 수 있습니다.

잘 사는 것처럼 보이는 사람들이 오히려 외로워하고 불행감을 느끼는 이유는 무엇일까요? 그것은 소유와 물질에서 오는 만족감이 내면의 행복감으로 이어지는 것은 아니기 때문입니다. 더 많은 재산, 더 많은 물질, 지금보다 더 나은 조건에 대한 욕심은 지금 가진 행복마저도 무너뜨립니다. 알면서도 멈추지 못하는 경우가 많습니다.

당신은 지금 이 순간 행복하지 않은가요? 지금 당신이 가진 것들이 부족하고 미흡해 보이나요?

그러나 완벽하지 않아도 괜찮습니다. 부족해도 괜찮습니다. 이미 우리가 가지고 있는 모든 것을 소중히 하고 감사하는 마음에서 행복이 싹틉니다. 가진 것이 완벽하지 않다고 해도, 자신의 부족함을 돌아볼 줄 알고 겸허하게 받아들이는 순간 마법처럼 행복이 나타날 것입니다.

♣ **완벽하지 않아도 감사할 수 있는 자기암시 9가지**

1. 나는 이 세상에서 유일무이한 존재이자 하나뿐인 소중한 영혼을 갖고 있다.
2. 나는 내 영혼의 목소리에 귀를 기울일 수 있다.
3. 남들의 의견과 시선이 나를 지배할 수 있는 게 아니다.
4. 나는 뭐든지 이해할 수 있고 받아들일 수 있고 평정을 유지할 수 있는 사람이다.
5. 나에게는 나만의 꿈과 비전이 있고, 그 꿈들을 스스로 실현시킬 능력을 가지고 있다.
6. 위기와 역경은 오히려 나를 강하게 만들어주고 정제시켜주므로 감사

하다.
7. 남들이 나를 함부로 평가할 수 없음을 알고 있다.
8. 나와 다른 남들의 의견을 통해 오히려 내 사고와 견해의 폭을 넓힐 수 있어 감사하다.
9. 나는 지금도 충분히 완벽하고, 나만의 비전을 통해 앞으로 더 발전할 수 있음을 안다.

5. 행복은 사람과 사람 사이의 관계에서 온다

스위스의 철학 사상가이자 법률가인 칼 힐티는 다음과 같은 세 가지 행복을 이야기했습니다.

1. 첫 번째 행복 : 사람과 사람이 서로 그리워하는 행복
2. 두 번째 행복 : 사람과 사람이 서로 마주볼 수 있는 행복
3. 세 번째 행복 : 아끼는 사람에게 자신을 내어줄 수 있는 행복

그가 말한 행복의 가장 중요한 요건은 사람과 사람과의 관계입니다. 물질적으로 아무리 풍요롭고 아무리 좋은 환경에서 산다 할지라도 사람이 사람을 그리워하지 못하고, 서로 마주보지 못하고, 상대방에게 자신을 줄 수 있는 행복을 알지 못한다면 그것은 진정한 행복이라 할 수 없을 것입니다.

칼 힐티는 또한 다음과 같은 이야기를 했습니다.

"이 세상에서 가장 견디기 어려운 대상은 생각이 다른 사람이다."

사람과의 관계가 소중한 만큼, 나와 의견이 다르고 가치관이 다르고 입장이 다른 사람과의 관계만큼 어려운 것도 없다는 뜻일 것입니다. 나와

생각이 다르다는 이유로, 가치관이 다르다는 이유로, 혹은 외모와 피부색이 다르다는 이유만으로 다른 이를 미워하고 시기하고 다툼을 벌이는 일이야말로 인간사의 가장 큰 불행입니다.
관계의 중요성은 비단 사람과 사람뿐만 아니라 사람과 신의 관계에서도 나타납니다. 그래서 칼 힐티는 이렇게 말했습니다.

"하나님의 영광을 위해 일하는 것은 축복의 시작이고, 하나님으로부터 멀어지는 것은 불행의 시작이다."

위의 구절처럼 인간과 인간과의 관계뿐만 아니라 인간과 신의 관계 또한 중요합니다. 결국 진정한 행복과 감사란 사람과 사람과의 좋은 관계, 그리고 사람과 신과의 축복된 관계에서 비롯되는 것입니다.

행복도 불행도 결국 말 한마디

얼마 전 우리 사회에 큰 반향을 일으킨 독립영화가 한 편 있었습니다. 76년간 해로한 90대 노부부의 실제 이야기를 담은 〈님아, 그 강을 건너지 마오〉라는 영화입니다. 나이가 들어서도 서로를 아껴주던 노부부의 애틋한 사랑 이야기에 기성세대뿐만 아니라 젊은 세대들도 눈시울을 붉혔습니다.

그들은 서로가 서로를 아껴주며 긴 세월을 서로 마주보고 살아왔습니다. 할아버지는 반찬 투정 한 번 해본 적이 없을 정도로 할머니를 배려했고, 할머니는 그런 할아버지를 위해 자신의 모든 것을 내어주었습니다. 그런 그들이 항상 입버릇처럼 서로에게 하는 말이 있었습니다. 그것은 바로 다음의 한 마디입니다.

"고마워요."

미국의 한 부부관계 연구 결과에 따르면, 행복한 부부와 파경을 맞은 부부의 차이는 서로 어떠한 말을 주고 받았는지에서 온다고 합니다. 행복한 부부는 아무리 사소한 갈등을 겪더라도 상처 주는 말을 되도록 자제하지만, 파경을 맞은 부부는 작은 일에도 상대방의 마음에 상처를 주는 말을 내뱉는다는 것입니다.

아무리 오래 산 부부라 할지라도 생각이 다르고 입장이 다를 수 있습니다. 그러나 그런 차이를 상대방의 입장에서 이해하려 하지 않고 오로지 상대방을 이기기 위해, 굴복시키기 위해, 내 말이 맞음을 증명하기 위해 모욕적인 언사를 서슴지 않는다면 그 부부의 관계에는 돌이킬 수 없는 금이 갈 수밖에 없습니다.

부부라는 관계는 이 세상에서 가장 가까운 관계지만 가장 빨리 멀어질 수 있는 관계이기도 합니다. 부부의 행복은 작은 배려와 말 한 마디에서 오지만, 부부의 불행 역시 잘못된 말 한 마디에서 시작됩니다. 이런 잘못된 말 한 마디가 튀어나오는 이유는 상대방을 나와 동등한 자리에 놓지 않고 이겨야 하는 대상, 혹은 힘겨루기와 파워게임에서 굴복시켜야 하는 대상으로 보기 때문입니다.

나와 생각이 다른 사람들에게도 감사하라

"선한 말을 하여 듣는 자들에게 은혜를 끼치게 하라."
- 에베소서 4장 29절

부부가 힘겨루기를 할 때 갈등이 야기되는 것처럼, 사람과 사람과의 관계에서 벌어지는 지나친 힘겨루기는 모든 불행의 씨앗이 됩니다. 이웃 간의 다툼부터 국가와 국가 간의 전쟁에 이르기까지, 모든 갈등은 어쩌면 다름을 인정하지 않는 닫힌 마음에서 발생하는 것일지도 모릅니다.

'다른' 것을 '틀린' 것으로 간주할 때 사람과 사람의 관계는 무너집니다. 나와 생각이 다른 사람을 미워하기 시작할 때 갈등이 야기됩니다. 나와 가치관이 다른 사람을 경멸할 때 상대방도 나를 경멸하고, 나와 사고방식이 다른 사람에게 모욕을 줄 때 나 역시 언젠가 마음의 상처를 입게 될 것입니다.

세상 모든 사람들이 똑같을 수는 없는 것처럼, 이 세상에는 나를 지지하는 사람도 있지만 지지하지 않는 사람도 있습니다. 내 생각만 옳은 것이 아니라, 나와 다른 생각을 하는 사람도 있습니다. 정당한 이유 없이 나를 미워하는 이도 있을 수 있고, 나에 대한 험담을 하는 사람도 있을지 모릅니다.

진정한 마음의 평안과 감사는 나와 반대되는 사람들도 인정하고 포용할 수 있을 때 얻을 수 있습니다. 적에게 조차도 감사할 수 있을 때 비로소 행복해질 수 있습니다. 나와 다른 생각일지라도 나름의 가치가 있을 수 있음을 알 때 화해할 수 있습니다.

타인과 힘을 겨루고 갈등을 갈등으로 풀려 하면 미움이 미움을 낳을 뿐입니다. 그러나 지혜로운 사람은 인간에게 여러 모습이 있고 어떤 현상의 이면에는 미처 생각하지 못한 다른 측면이 있음을 인정할 줄 압니다.

보려고 노력하는 자, 이해하려 애쓰는 자만이 이런 균형적 사고방식을 가지고 새로운 가치를 발견할 수 있습니다. 나와 다른 사람들의 있는 그대로의 참모습을 수용하고 사랑할 수 있다면 비로소 모든 관계에 대해 감사하는 마음을 가질 수 있을 것입니다.

> ♣ **프란치스코 교황의 행복 지침 10계명**
>
> 1. 자신의 인생을 살고 타인의 인생도 존중하라.
> 2. 다른 사람들의 말에 귀 기울이고 함께 살아가라.
> 3. 항상 마음의 평온을 유지하라.
> 4. 소비주의에 빠지지 말고, 가족과 함께 식사할 때는 TV를 끄고 대화를 하자.
> 5. 주말만큼은 가족과 함께 보내라.
> 6. 부정적인 태도를 갖지 말라.
> 7. 젊은이들을 위한 가치 있는 일자리를 마련하자.
> 8. 타인에게 개종을 강요하지 말라.
> 9. 자연을 존중하고 환경을 보호하라.
> 10. 평화를 위해 적극적으로 행동하라.

[Gratitude Story]

현자들이 이야기하는 행복의 공통점

"주여! 우리가 변화시킬 수 없는 것들을 평온하게 받아들일 수 있는 평상심과, 변화시켜야 할 것들을 변화시킬 수 있는 용기, 그리고 이 둘의 차이를 분별할 수 있는 지혜를 허락하소서."

위 기도문은 미국의 신학자 라인홀트 니부어(Reinhold Nie buhr 1892~1971)의 '평온을 비는 기도' 입니다. 평생 신학을 연구한 그는 결코 더 완벽하게 해 달라고, 혹은 당장 많은 것을 바꿀 수 있게 해달라고 기도한 것이 아닙니다. 변화시킬 수 있는 것과 없는 것을 현명하게 분별하고, 뭔가가 당장 바뀌지 않더라도 평온한 마음의 균형을 유지할 수 있기를 기원할 뿐입니다.
종교는 다르지만, 우리나라의 법정 스님도 행복의 비결에 대해 한마디 하신 적이 있습니다.

"행복의 비결은 필요한 것을 얼마나 갖고 있는가가 아니라 불필요한 것에서 얼마나 자유로워져 있는가에 있다."

법정 스님이 행복의 조건으로 내세운 것들을 살펴볼까요?

"남과 자신을 비교하지 말 것, 움켜잡기보다는 쓰다듬을 것, 오래된 것을 아름답게 여길 것, 가끔 기도할 것."

이처럼 동서고금을 막론하고 진정한 행복에 대한 현자들의 답변에는 일맥상통하는 부분이 있습니다. 그것은 바로 행복과 감사함을 자신의 내면에서 찾아낼 수 있다는 것입니다.

현자들이 말하는 행복의 공통적인 조건은 감사입니다. 감사를 할 줄 아는 사람은 행복을 느낄 수 있습니다. 또 행복을 느끼는 사람은 감사할 줄 압니다. 우리가 가진 외부적인 조건이나 환경이 완벽해야만 감사할 수 있는 것은 아닙니다. 오히려 우리가 가진 것들이 완벽하지 않기 때문에 지금 가지고 있는 것들에 대해 감사할 수 있고 행복할 수 있습니다.

우리는 끊임없이 남들에 의해 상처받고 있다고 생각한다. 그러면서도 자신도 모르게 남들에게 큰 상처를 주기도 한다. 타인에게 감사하지 못하는 이유는 너와 나의 입장이 다를 수 있음을 인정하지 못하고 서로 공감하려고 노력하지 않기 때문이다. 차이를 공감으로 바꿈으로써 남들에게, 그리고 자기 자신에게 감사할 수 있다.

3장

상대방과의 다름을
공감하는 감사 습관

1. 한 사람이 다른 사람을 이해한다는 것

어느 드넓은 초원의 봄날, 사자와 양이 그만 사랑에 빠지고 말았습니다. 서로 다른 종족이니 절대 이루어질 수 없는 사랑이라고 주변에서 말리고 또 말렸지만, 둘은 정반대의 매력에 이끌려 상대방에게 반하고 말았습니다. 사자는 양의 온화한 모습에, 양은 사자의 강인한 모습에 이끌린 것이지요.

둘은 결국 사랑의 콩깍지가 씌워진 상태로 결혼을 강행하고 말았습니다. 자신과는 너무나도 다른 상대방의 모습이 멋지고 아름다워 처음 한 동안은 행복에 겨웠습니다.

그러나 둘 다 간과한 것이 있었으니, 바로 상대방은 나와 다르다는 사실을 충분히 이해하지 못한 것이었습니다. 취향, 생활, 습관 등 어느 하나 비슷한 점이 없었지만 그 중에서도 가장 다른 것은 식성이었습니다. 사자는 육식동물이니 매일 고기를 먹어야 하고, 양은 초식동물이니 매일 풀만 먹어야 하는 것이 당연하건만, 둘은 이 차이를 제대로 이해하지 못했던 것입니다.

둘은 상대방을 위해 최선을 다해 잘 대접해주려고 애를 썼습니다. 그래서 사자는 자기가 좋아하는 고기 중 가장 좋은 부위만 골라서 양에게 대접했고, 반대로 양은 가장 맛있고 연한 풀만 골라서 사자에게 대접했습니다.

날이 갈수록 불만이 쌓일 수밖에 없었습니다. 자신이 입에 대지도 않는 풀을 갖다 주는 것이, 그리고 역겹고 끔찍한 고깃덩이를 자꾸 주는 것이 점점 더 짜증이 났습니다. 마침내 둘은 폭발하고 말았습니다.

"누가 이딴 것 가져다 달랬어?"
"난 이런 건 입에도 안 댄다고!"

크게 다툰 둘은 결국 신혼집을 뛰쳐나와 뒤도 안 돌아보고 헤어지고 말았습니다. 사자는 사자의 무리로, 양은 양의 무리로 돌아갔습니다. 자신의 종족에게 돌아가서 둘은 각각 이렇게 투덜댔습니다.

"도저히 참을 수가 없더군. 나는 정말로 그녀에게 최선을 다했는데 말야!"
"내가 얼마나 매일 정성을 다해 대접을 해줬는데! 난 그에게 최선을 다했다고!"

너와 나는 다를 수 밖에 없다

위의 이야기를 사자와 양이 아닌 사람에게 대입하면 어떨까요? 사자와 양의 식성이 다른 게 당연하고, 그들의 결혼이 해피엔딩으로 끝날 수 없는 게 너무 당연하게 보이나요?

알고 보면 사람과 사람의 관계도 이와 다르지 않습니다. 심지어 가장 가까운 부부나 가족 사이에도 어쩌면 사자와 양만큼이나 큰 차이가 존재할지도 모릅니다. 그 차이를 인정하지 않은 채 내 방식을 고집하고 강요한다면, 그건 바로 사자가 양에게 고깃덩이를 먹으라고 주고, 양이 사자에게 풀을 먹으라고 주는 것과 다르지 않을 것입니다.

나의 입장에서는 상대방에게 최선을 다한 것 같고 배려를 한 것 같은데, 그것이 상대방의 기분을 상하게 할 수도 있고, 상처를 줄 수도 있습니다. 때로는 모욕을 주거나 언어폭력으로 작용했을 수도 있습니다. 아무리 좋은 의도였더라도, 상대방을 이해하지 않은 배려는 폭력이 될 수 있습니다.

> ♣ **상대방을 배려하기 전에 확인할 3가지**
>
> 1. 상대방이 나와 어떻게 다른 삶을 살았는지 알고 있는가?
> 2. 나의 배려가 나를 만족시키기 위한 것인가, 상대방을 위한 것인가?
> 3. 나의 대접이 상대방에게는 불쾌함 혹은 폭력으로 작용하지 않는가?

두뇌의 지각 방식이 사람마다 다르다

이처럼 사람과 사람 사이에 큰 차이가 존재하는 이유는 각자가 살아온 환경과 삶의 방식이 같지 않기 때문입니다. 그리고 더욱 근본적으로는 우리의 두뇌에서 사물과 상황을 인식하고 지각하는 방식이 사람마다 너무나도 다르기 때문입니다.

왜 두뇌의 지각 방식이 사람마다 다를까요? 그것은 인간의 뇌에서 지적 활동을 수행하는 부분이 매일 끊임없이 바뀌고 있기 때문입니다. 그리고 그러한 변화에 영향을 주는 각자의 환경과 경험이 무수한 변수를 유발하기 때문입니다.

인간의 두뇌 지각 방식이 끊임없이 변화한다는 사실은 그동안 여러 뇌과학자들의 실험과 연구를 통해 밝혀진 내용이기도 합니다. 한 예로 1999년 과학 잡지 〈사이언스〉에 발표된 미국 뉴저지 프린스턴 대학의 엘리자베스 굴드와 찰스 그로스 교수의 연구에 의하면, 인간 두뇌의 여러 영역들은 매일 활발한 활동에 의하여 끊임없이 바뀌고 있다고 합니다.

그들은 원숭이를 대상으로 실시한 실험을 통해, 두뇌의 신경세포가 가만히 고정되어 있는 것이 아니라 새로운 신경세포가 끊임없이 퍼지며 증가하고 있다는 사실을 알아냈습니다. 그뿐만 아니라 신경세포가 두뇌 전체에 분산, 즉 지각을 하고 학습을 하고 판단을 하는 두뇌 피질의 다양한 부분으로 분산되고 있다고 밝혔습니다. 이는 인간의 두뇌 지각 능력이 선천적·후천적 영향도 크지만 그 자체적으로도 늘 새롭게 변한다는 것을 뜻합니다.

데일 카네기는 다음과 같은 말을 남겼습니다.

> "나의 생각이 나를 만든다. 내 운명을 결정하는 가장 중요한 요소는 나의 정신 상태다."

위 이야기처럼 우리의 삶과 인간관계에 가장 큰 영향을 끼치는 것은 사람의 생각, 나아가 두뇌의 지각 방식입니다. 그래서 생각을 바꾸면 세상이 바뀌고, 우리 의식 속의 사고방식을 바꾸면 운명까지 바뀔 수 있다고 하는 것입니다. 우리 두뇌는 가만히 고정되어 있는 것이 아니라 매 순간 새롭게 바뀌고, 그러한 양상이 한 사람 안에서도 변화무쌍하기 때문입니다.

어쩌면 내 의식과 지각이 어떻게 바뀌고 있는지를 나 자신도 잘 모르고 있을지 모릅니다. 나도 내 두뇌의 변화를 모르는데, 하물며 다른 사람의 마음과 의식을 제대로 읽고 이해한다는 것이야말로 가장 어렵고 조심스러운 일이 아닐까요?

아무리 사랑하는 사람이거나 평소 잘 안다고 생각하는 사람이라고 해도 나와는 다른 또 하나의 인격체입니다. 그래서 나의 배려를 상대방에게 과시하기 전에, 상대방의 다른 입장과 사고방식을 먼저 파악하려는 노력이 필요할 것입니다.

> ♣ **인간관계에서 오해와 불통을 부르는 9가지 화법**
>
> 1. 대화할 때 내 이야기만 계속 한다.
> 2. 상대방의 말을 듣기보다 내 이야기 하느라 바쁘다.
> 3. 내 주장을 펼칠 때는 열성적이다가, 상대방이 이야기를 할 때는 경청하지 않고 하품하거나 딴생각을 하거나 시선을 돌린다.
> 4. 상대방이 이야기를 시작한 지 얼마 안 되어 내 주장으로 화제를 낚아챈다.
> 5. 상대방이 거부감이나 불쾌감을 느낄 수 있는 화제를 함부로 꺼낸다.
> 6. 상대방이 이야기하는 시간보다 내가 이야기하는 시간 비율이 훨씬 높다.
> 7. 상대방의 이야기에 대해 맞장구나 고개 끄덕임, 미소 등의 적절한 제스처를 취하지 않는다.
> 8. 상대방의 생각과 말이 틀렸고 나의 생각과 말이 맞다는 것을 지속적으로 주장한다.
> 9. 내 주장을 관철시키기 위해 상대방을 훈계하고 가르치려 든다.

2. 모든 인간은 저마다 다른 개체다

풋풋한 소년소녀 시절에 만나 60년을 해로한 노부부가 있었습니다. 그야말로 검은 머리가 파뿌리처럼 희어질 때까지 평생을 함께 산 셈입니다. 물론 살면서 힘든 일도 많았고 고난도 역경도 많았습니다. 남들보다 특별히 금슬이 좋은 것은 아니었습니다. 여느 부부들처럼 때때로 부부싸움도 하면서, 그러다가 화해하면서 평범하게 살아왔습니다.

그래도 자식 키우고 가정을 일궈나가면서 힘든 시절을 이겨내었고, 이제는 남부럽지 않은 살림을 일구며 안정적인 노후를 맞이하게 되었습니다. 자식들이 손주를 낳아 자손도 번성하게 되었으니, 돌이켜 보면 지난 세월이 아득한 꿈같기만 합니다. 이만큼 오랜 세월을 부부로 살아왔으니 서로에 대해 속속들이 알 만큼 안다고 생각하게 되었습니다.

어느 날 부부는 60번째 결혼기념일을 맞이했습니다. 부부는 함께 아침식사를 했는데, 식사를 하고 나서 할아버지가 솥에 남은 바삭한 누룽지를 긁어모아 할머니에게 내밀었습니다.

"임자, 누룽지 좋아하지?"

할머니는 할아버지가 내민 누룽지를 한동안 가만히 바라보았습니다. 그러더니 한숨을 내쉬었습니다.

"당신도 참 너무하네요."

할머니의 반응에 할아버지는 당황했습니다.

"뭐가 너무하다는 거요?"
할머니는 더 이상 참지 못하겠다는 듯 이야기했습니다.
"그동안 애써 참고 말을 안 했는데……. 오늘 같이 좋은 날 이 딱딱한 걸 나더러 먹으라고요? 내가 이가 안 좋아서 누룽지를 원래 안 좋아했다는 걸 당신은 여태 모르셨어요?"
그러자 할아버지가 깜짝 놀라 두 눈을 휘둥그렇게 떴습니다.
"나... 나는 전혀 몰랐소. 내가 가장 좋아하는 부분이 바로 이 누룽지인데, 임자 먹으라고 그동안 계속 양보한 건데……. 진작 얘기해주지 그랬소?"
할머니는 그제야 깨달았습니다. 그동안 할아버지가 늘 누룽지를 긁어준 이유를. 할머니는 할아버지가 매번 누룽지를 줄 때마다 원망의 마음을 겉으로는 내색하지 않은 채 할아버지 몰래 버리곤 했던 것입니다.
부부는 서로를 바라보았습니다. 그러고는 허허 웃음을 터뜨릴 수밖에 없었습니다.

모든 인간관계의 본질은 차이다

앞서 인용한 사자와 양 이야기는 서로 너무나도 다른 두 사람이 자신과 상대방의 차이를 처음부터 제대로 이해하지 못한 데서 비롯된 갈등의 대표적인 예라 할 수 있을 것입니다.

그런데 60년을 함께 산 노부부 이야기는 사자와 양의 경우와는 조금 다르다 할 수 있습니다. 왜냐하면 이 부부는 오랜 세월 함께 살아오면서 서로의 차이와 장단점에 대해 알 만큼 안다고 생각하는 상태이기 때문입니다.

우리나라 속담에 이런 말이 있습니다.

"열 길 물속은 알아도 한 길 사람 속은 모른다."

이 말처럼 아무리 서로 잘 안다고 생각하는 사이라 하더라도, 나와 그 사람 사이에 얼마든지 차이가 존재할 수 있습니다. 안다고 생각했는데 몰랐을 수도 있고, 이해한다고 생각했는데 사실은 오해였을 수도 있습니다. 그것이 모든 인간관계의 본질입니다.

할아버지는 할머니가 누룽지를 좋아한다고 생각했고, 자신이 제일 좋아하는 누룽지를 할머니에게 기꺼이 양보하고 살아왔습니다. 자신이 좋아하니까 부인도 당연히 좋아할 거라고 생각했고, 그 생각을 추호도 의심하지 않았습니다.

아무리 가까운 부인이라 할지라도 나와는 취향과 선호도가 정 반대일 수 있음을 생각하지 못했습니다. 단 한 번도 다름을 전제하지 않았던 것입니다. 이처럼 할아버지는 자신을 희생하고 할머니에게 양보했노라고 생각했습니다.

한편 할머니는 자신이 누룽지를 씹지 못한다는 사실 한 마디를 할아버지에게 말하지 않았습니다. 처음에는 한두 번 참고 넘어가는 것이 낫다고 생각했을 것입니다.

그러나 그것이 쌓이고 쌓이면서 갈등으로 변질되어 갔습니다. 갈등을 줄이려다가 갈등의 원인을 오히려 키운 셈입니다. 할아버지 나름의 배려와 양보의 방식이, 할머니에게는 배려로 받아들여지지 못했던 것입니다.

결국 마음이 잘못된 것이 아니라 방식이 잘못 되었던 것입니다. 할머니를 위해 양보하려 한 할아버지도, 할아버지를 위해 불만을 참고 산 할머니도, 마음이 틀렸던 것은 아니었습니다. 두 분 모두 나쁜 의도는 아니었습니다. 일부러 그런 것은 절대 아니었습니다. 다만 나와 상대방이 얼마든지 다를 수 있다는 전제를 깔지 않은 점, 그리고 소통의 방식이 문제가 되었습니다.

> ♣ **타인과 생각 차이로 갈등이 야기되는 3가지 원인**
>
> 1. 무지 : 상대방의 속마음을 알지 못했기 때문이다.
> 2. 오해 : 상대방의 속마음을 잘못 이해했기 때문이다.
> 3. 침묵 : 나의 진심을 상대방에게 전달하지 않고 입을 다물어 소통의 기회 자체를 차단했기 때문이다.

상대방을 향한 배려

부부와 가족 사이의 갈등부터, 이웃끼리의 갈등, 지역과 지역 사이의 갈등, 노사 갈등, 국가와 국가 간 갈등, 인종과 인종 사이의 차별과 갈등, 타 종교 사이의 분쟁과 갈등 등에 이르기까지 인간사에는 크고 작은 갈등이 끊이지 않습니다.

그런데 이러한 다양한 갈등 양상에는 서로를 미워하고 공격하는 것이 원인인 경우도 있지만, 상대방을 배려한다고 생각했는데 오히려 갈등의 원인이 되는 경우도 적지 않습니다. 그것은 위의 할아버지, 할머니가 그러했듯이 배려의 방식이 잘못되었기 때문입니다. 그래서 남을 배려할 때는 그것이 정말 올바른 배려인지 확인해 보아야 합니다. 왜 그래야 할까요? 그것은 이 세상 모든 사람들의 말과 생각의 주파수가 저마다 서로 다르기 때문입니다. 환경이 다르고, 생각이 다르고, 사고체계가 다르고, 두뇌 지각 방식이 다르기 때문입니다. 모든 인간이 저마다 다른 개체이기 때문입니다.

이 다름을 인정하지 않을 때, 상대방에 대한 배려가 사실은 나 자신의 마음에 위안을 주기 위한 반쪽짜리 배려로 전락합니다. 자신이 누룽지를 좋아한다는 이유로 부인도 누룽지를 좋아할 거라고 단정해버린 할아버지처럼 말입니다.

진정한 소통을 위해서는 배려의 방향이 나 자신이 아닌 상대방을 향한 것이어야 합니다. 상대방의 취향, 상대방의 사고방식, 상대방의 의견을 먼저 물어보고 이해하고, 그 다음에 배려를 해주어야 합니다. 자기중심적인 배려가 아닌 상대방 중심적인 배려가 되어야 할 것입니다.

상대방의 생각을 이해하려는 노력을 선행할 때, 비로소 갈등이 해소될 수 있고 배려의 진정성이 빛을 발할 수 있을 것입니다. 나의 자기만족을 위한 것이 아닌 상대방을 위한 것. 그것이 진짜 배려입니다.

♣ 다름을 깨닫고 갈등을 해소하는 5단계

1. 인정 : 내 생각과 타인의 생각에 차이가 있을 수 있음을 전제한다.
2. 발견 : 나와 다른 상대방의 방식이나 생각에서 단점을 걷어내고 장점을 찾아본다.
3. 입장 : 상대방의 입장이 되어 생각해본다.
4. 조화 : 나와 타인의 다른 점이 조화를 이룰 수 있음을 받아들인다.
5. 소통 : 내가 상대방에게 바라는 점과 상대방이 나에게 바라는 점에 대해, 대화를 통해 소통을 시도한다.

3. 상대방을 완벽히 이해하는 대화법이란

성경에 다음과 같은 구절이 있습니다.

"무엇이든지 남에게 대접을 받고자 하는 대로 너희도 남을 대접하라."
- 마태복음 7장 12절

쉬운 말 같지만 결코 쉬운 일은 아닙니다. 대부분의 사람들은 남을 대접하기보다는 자기가 먼저 대접을 받으려 하기 때문입니다. 상대방이 나를 배려해주기를 바라지만 내가 상대방을 배려하는 데에는 소홀하기 때문입니다.
중국의 공자도 비슷한 의미의 격언을 다음과 같이 남겼습니다.

"허물인 줄 알면서도 고치지 않고 변명만 하는 것은 잘못된 것이다. 소인은 변명하기 바쁘지만 군자는 자신의 허물을 고쳐 두 번 다시 반복하지 않는다."

이처럼 현명한 사람은 남을 탓하기 전에 자기 잘못을 먼저 반성합니다. 남에게 대접받기 전에 남을 먼저 대접합니다. 그리고 오해와 잘못이 있으면 상대방에게 망설임 없이 사과할 줄 압니다.

잘못된 대화법에서 배우는 올바른 대화법

사회생활과 인간사에서 일어나는 갈등 양상의 대부분은 잘못된 소통법에서 오는 경우가 많습니다. 소통이 불통이 되어버리고, 불통을 풀어내려는 대화를 하지 않기 때문입니다. 그리고 나만 옳고 남들은 틀렸다고 생각합니다.

누구나 저마다의 상황과 사정이 있습니다. 그래서 무엇이 옳고 무엇이 잘못되었는가 하는 것도 상황에 따라 달라질 수 있습니다. 잘못된 것으로 보이는 것도 다른 관점에서, 상대방의 입장에서 바라보면 옳은 것일 수 있습니다.

그러한 오해를 풀기 위해서는 올바른 대화의 과정이 필요합니다. 그런데 대화의 방법을 제대로 알지 못하기 때문에 더 큰 불화가 싹틉니다. 그렇다면 잘못된 대화법이란 무엇일까요?

첫째, 나의 입만 열어놓습니다.
내 생각만 옳고 상대방은 틀리다는 전제 하에, 내 주장만 전달하려 합니다. 상대방이 내 말을 들어주기만을 바랍니다.

둘째, 나의 귀는 닫아놓습니다.
잘못된 소통의 가장 큰 원인은 말을 하지 못하는 것이 아니라 듣지 못하는 데 있습니다. 그러나 상대방의 말에 귀를 기울이는 것만으로도 갈등의 대부분이 완화됩니다.

셋째, '다른' 것을 '틀린' 것으로 간주합니다.

타인의 생각은 내 생각과 다를 수 있습니다. 그런데 다른 것을 다른 것으로 인정하지 않고 무조건 틀리다고 간주하기 때문에 더 이상의 소통이 불가능해집니다.

넷째, 상대방의 말을 끝까지 듣지 않고 끼어듭니다.

상대방이 말하는 도중 끼어들고 낚아채는 습관은 잘못된 대화법의 가장 흔한 유형입니다. 사람들은 누군가 내 말을 자르거나 끼어들었을 때 가장 큰 분노의 감정을 느낍니다. 그리고 상대방이 나를 무시하고 모욕했다고 느낍니다.

♣ **잘못된 대화법 4가지**

1. 입 열기
2. 귀 닫기
3. '다름=틀림'이라 단정하기
4. 중간에 끼어들기

귀가 먼저 일하게 하라

사람과 사람의 마음을 움직이고 좋은 변화를 야기하는 것은 입이 아니라 귀의 역할이 전부라고 해도 과언이 아닙니다.

사람들은 누구나 내 말을 누군가가 잘 들어주고 경청하기를 원합니다. 누군가가 내 말을 주의 깊게 들어주는 것만으로도 배려받았다고 느끼고, 대접받았다고 느끼고, 존중받았다고 느끼기 때문입니다.

실제로 심리학자들은 누군가 귀를 기울여 내 말을 들어주는 것만으로도 분노와 고통, 슬픔의 감정이 상당 부분 해소된다고 설명합니다. 그럼에도 불구하고 우리는 내 말을 하는 데 급급해 상대방의 말에 귀 기울일 줄을 모릅니다.

효과적인 소통과 대화를 위해서는 자신의 귀를 먼저 열어둘 준비를 해야 합니다. 건성으로 듣는 것이 아니라 듣는 데 있어서 최선을 다해 집중하고, 경청하고, 에너지를 쏟을 수 있어야 합니다.

상대방에게 귀를 기울인다는 것은 내가 일방적으로 희생하고 참는다는 뜻이 아닙니다. 내 귀를 먼저 열고 상대방에게 마음을 열면, 오히려 더 많은 유용한 정보를 상대방으로부터 얻을 수 있습니다. 이 상황에서 무엇이 잘못된 것인지 본질을 파악할 수 있는 여유가 생깁니다. 상대방에 대해, 그리고 나 자신에 대해 미처 몰랐던 것을 깨달을 기회가 생깁니다. 그리고 가장 큰 장점은 내가 먼저 상대방의 말을 잘 들어줌으로써 상대방도 내 말을 들어줄 여유가 생긴다는 점입니다. 유명한 아나운서나 앵커, 인터뷰어, 성공한 리더들은 자기의 말을 줄이는 대신 상대방이 하는 말을 경청할 줄 압니다. 귀를 열고 입을 닫는 순간 더 많은 정보를 얻을 수 있기 때문입니다.

부부관계에서도, 친구관계나 사회생활에서도, 상대방의 말을 먼저 들을 줄 아는 바른 대화법이 모든 것을 바꿔줍니다. 그래서 누구나 다음과 같이 말할 수 있어야 합니다.

"그래, 듣고 보니 당신 말도 맞네. 내가 미처 몰랐어. 미안해."

♣ **반드시 기억해둬야 할 소통의 철칙**

내가 세모(△)라고 이야기했는데 상대방이 네모(□)라고 알아들었다면?
→ 우선적인 잘못은 나에게 있다. 왜냐하면 내 뜻을 전달하는 '방식'이 일차적으로 실패했거나 충분하지 않았기 때문이다.

♣ **소통을 위한 대화법 123법칙**

1. 내가 1분간 말했다면
2. 상대방의 말을 듣기 위해 최소한 2분은 귀를 기울일 준비를 하고
3. 상대방이 이야기하는 동안 최소한 3번은 언어적 및 비언어적 공감 (끄덕임, 맞장구, 추임새, 응답)을 표한다.

4. 미안하다는 말 한마디의 의미는

> 전 세계 최고령 부부 중에 결혼 기간 자체도 최장 기간을 기록해 세계 신기록에 오른 영국인 부부가 있었습니다. 주인공은 바로 퍼시와 플로렌스 애로스미스 부부였습니다. 2005년 당시 남편이 105세, 부인이 100세였습니다. 그들의 결혼기간은 80년에 달했습니다. 사람들이 그들에게 결혼생활의 비결에 대해 물었습니다.
>
> "어떻게 하면 두 분처럼 행복한 결혼생활을 오래 유지할 수 있나요?"
>
> 그러자 두 부부는 입을 모아 다음과 같이 대답했습니다.
>
> "별다른 비결은 없어요. 다만 배우자에게 미안하다고 말하는 것을 주저하지 않은 것이지요."

사과를 하는 사람이 승자다

올바른 대화법과 적극적인 경청에 뒤따르는 가장 필수적인 소통의 요소는 바로 한 마디의 '사과'입니다. 그래서 《탈무드》에도 다음과 같은 말이 있습니다.

> "승자는 어린아이에게도 사과할 수 있는 사람이다. 그러나 패자는 노인에게도 고개를 숙이지 못하는 사람이다."

위 말처럼 상대방에게 먼저 사과를 한다는 것은 그 사람에게 져준다는 뜻이 아닙니다. 상대방에게 굴복하는 것이 아니라, 오히려 스스로 자존감이 높고 자긍심이 강하기 때문에 사과도 할 수 있는 것입니다. 사과는 수동적인 행위가 아니라 능동적이고 주도적인 행위라고 할 수 있습니다.

반면 자기 잘못을 알아차렸음에도 불구하고 상대방에게 사과하기를 두려워하고 주저하는 사람들이 있습니다. 그런 사람들은 다음과 같은 10가지 특징이 있습니다.

1. 자기중심적이다.
2. 자기반성을 할 줄 모른다.
3. 남에게 오만하다.
4. 열등감이 심하다.

5. 자격지심이 있다.
6. 책임감이 없다.
7. 자신감이 없다.
8. 타인의 거절에 대한 병적인 두려움이 있다.
9. 남의 잘못은 따지지만, 나의 잘못은 넘어간다.
10. 남에게는 엄격하지만, 자신에게는 관대하다.

위와 같은 이유로 사과를 미루거나 얼렁뚱땅 넘어가는 경우가 참 많습니다. 그런 경우 사과의 적절한 타이밍을 놓치게 되는데, 타이밍을 한 번 놓치면 상대방과의 관계는 돌이킬 수 없이 악화됩니다.

마음이 치유되는 쪽은 사과하는 사람이다

솔직하고 용감한 사과의 말 한마디는, 당장은 어려울 수 있어도 장기적으로는 더 많은 장점과 이득을 나 자신에게 가져다줍니다. 내가 먼저 사과의 말을 함으로써 상대방의 마음이 풀어지고, 누그러지고, 상대방의 마음의 상처가 상당 부분 치유됩니다.
나를 비난하고 원망하려던 상대방의 공격적 심리와 적대감이 해소되는 데 큰 역할을 합니다.

사과에도 방법과 요령이 필요합니다. 효과적으로 사과를 하기 위해서는 반드시 다음의 4가지 요소가 반드시 동반되어야 합니다.

1. 반성 : 내 잘못임을 인정하고 진심으로 반성하기
2. 표현 : 사과의 말을 직설적으로 표현하기
3. 보상 : 정신적 혹은 실질적인 보상을 약속하고 지키기
4. 시간 : 자신의 잘못을 인지한 순간, 시간을 끌지 말고 즉각 사과하기

솔직하고 진정성 있는 사과를 먼저 할 때 마음의 치유를 받는 쪽은 일차적으로는 상대방이지만, 궁극적으로는 나 자신입니다. 그래서 사과는 상대방과 나 자신, 모두에게 이익이라 할 수 있습니다. 사과를 하면 다음의 메시지가 상대방에게 전달됩니다. 사과의 말 속에는 이런 마음이 담기는 것이지요.

♣ 사과의 표현에 포함된 7가지 의미

1. 나는 당신의 인격과 의견을 존중하고 있다.
2. 이 문제는 당신이 아닌 나의 잘못이다.
3. 나는 당신을 무시하지 않는다.
4. 나는 나와 당신을 동등한 인격체로 보고 있다.
5. 내가 당신을 오해했음을 인정한다.
6. 나와 당신의 지금까지의 관계를 중요하게 여기고 있다.
7. 나와 당신의 앞으로의 관계를 우호적으로 지속시키고 싶다.

그런가 하면 아무런 사과의 말을 하지 않을 때에도 상대방에게 메시지가 전달됩니다. 그것은 다음의 7가지 메시지입니다.

♣ 사과하지 않을 때 자동적으로 전달되는 7가지 의미

1. 나는 당신의 인격과 의견을 존중하지 않는다.
2. 잘못은 당신에게 있다.
3. 나는 당신을 무시하고 있다.
4. 나는 내가 당신보다 우월하다고 생각한다.
5. 내 잘못은 없는데 당신이 나를 오해한 것이다.
6. 나와 당신의 지금까지의 관계는 별로 중요하지 않다.
7. 나와 당신의 앞으로의 관계가 끊어져도 상관없다.

5. 차이에서 공감으로 나아가기

스티븐 스필버그 감독의 1982년 영화 〈E.T.〉를 기억하십니까? 먼 우주에서 날아와 불시착한 못생긴 외계인이 지구의 소년과 우정을 나누는 이 유명한 SF영화는 개봉 당시 전 세계 어린이는 물론 어른들에게까지 큰 감명을 주었습니다.

수많은 명장면들이 있지만 사람들에게 가장 큰 울림을 주었던 장면은 아마도 소년과 E.T.가 교감을 나누는 장면일 것입니다. 상대방의 심장 박동을 똑같이 느끼며, 상대방의 아픔을 자신의 아픔과 똑같이 느끼며, 그리고 헤어지기 전 서로 손가락이 맞닿는 순간 깊은 교감을 느끼며, 그들은 영원히 잊지 못할 우정을 나눕니다.

이 영화는 그저 외계인에 대한 판타지 영화로 볼 수도 있지만, 다른 관점에서 보면 서로 다른 존재가 만나 교감을 나누고 공감을 느끼는 과정에 대한 우화로 해석할 수도 있습니다. 보자마자 비명을 지를 정도로 생김새도 다르고, 언어도 통하지 않고, 무엇 하나 공통점을 찾을 수 없었던 외계인과 소년. 그러나 그들은 조심스럽게 상대방의 언어를 읽으려 노력하고, 서로 이해하려 노력합니다. 실수도 있고 소동도 있었지만 그들은 조금씩 상대방의 입장을 이해하게 되고 마침내 똑같은 신체 바이오리듬과 심장박동을 공유할 정도로 한 몸이 되어갑니다.

서로 다른 사람들이 차이를 극복하고 공감으로 나아가는 과정도 어쩌면 이와 비슷할지도 모릅니다. 천천히 시간을 들여서 상대방의 언어에 귀를 기울이고 상대방의 입장이 되어 보는 것입니다.

약간의 노력만 기울인다면, 인간관계에서 일어나는 모든 갈등과 미움, 싸움과 증오가 해소될 수 있지 않을까요? E.T.와 소년이 그랬듯이 상대방과 우정을 나누고 만남을 소중히 하며 인연에 대해 감사할 수 있게 되지 않을까요? 공감의 시작은 다름에 대한 차이를 인정하고 타인도 나와 다르지 않음을 인식하는 데서 출발합니다. 그래서 독일의 철학자 쇼펜하우어는 다음과 같이 이야기했습니다.

"보잘 것 없고 하찮은 사람이라도 존중해야 한다. 모든 사람의 가슴에는 내 가슴속의 영혼과 똑같은 영혼이 숨 쉬고 있다."

이는 대문호 괴테가 했던 다음의 이야기와도 일맥상통할 것입니다.

"타인의 장점을 발견하는 것은 그를 나 자신과 동등한 인격으로 받아들이는 것이다."

'다름'은 '틀림'이 아니다

우리말의 표준어법 중에 많은 사람들이 헷갈리거나 잘못 사용하고 있는 말이 있습니다. 그것은 바로 '다르다' 라는 말입니다.

1) A와 B는 다르다.
2) A와 B는 틀리다.

적잖은 사람들이 1)과 2)를 혼동하여 사용하곤 합니다. 그러나 맞는 표현은 1)입니다. '다르다' 라는 형용사의 사전적 뜻은 '두 대상이 서로 같지 아니하다.' 라는 뜻입니다. 반면 '틀리다' 는 '그르거나 어긋나다.' 라는 뜻입니다. 그래서 '다르다' 의 반대말은 '같다' 이고, '틀리다' 의 반대말은 '맞다' 입니다.

다르다는 것, 즉 차이가 난다는 것은 그것 자체로 맞거나 틀린 것이 아닙니다. '다름' 은 '틀림' 이 아닙니다. 내 생각과 다르다고 하여 상대방의 생각이 '틀린' 것은 아닙니다. 나와 생김새가 다르다고 하여 상대방의 외모가 '틀린' 것이 아닙니다.

다른 것은 그저 같지 않은 것일 뿐입니다. 다름을 그저 다름으로 인정하고 받아들일 때, 비로소 상대방을 이해할 수 있고 상대방의 입장에서 세상을 바라볼 수 있는 물꼬가 트입니다.

다름을 인정할 때 비로소 공감이 시작됩니다. 다름을 이해할 때 비로소 소통이 싹틉니다.

공감도 연습이 필요하다

가정에서, 직장에서, 사회에서, 우리는 크고 작은 갈등과 직면합니다. 그러나 어떠한 종류의 갈등이라 할지라도 본질은 크게 다르지 않습니다. 상대방의 입장에서 생각해보고 이해해보고 공감하려 노력한다면 갈등을 해소할 수 있는 돌파구를 찾을 수 있다는 것입니다.

가족과 대립하고, 이웃과 싸우고, 직장에서 사람들과 갈등을 빚게 되는 가장 큰 원인은 알고 보면 공감과 이해를 위해 노력하지 않기 때문일 것입니다.

사람은 저마다 타고난 성격은 물론이고 환경과 경험이 다르고 두뇌 인식 시스템도 천차만별이라고 했습니다. 그래서 같은 사건을 두고도 해석이 다르고 이해관계가 다를 수밖에 없습니다.

다르게 바라보고 다르게 받아들이지만, 그렇다고 해서 그것이 '틀린' 것일까요? '틀린' 것이라고 단정하는 순간 갈등이 시작됩니다. 그러나 '다른' 것이라고 이해하는 순간 소통이 시작됩니다.

그래서 우리는 타인의 감정을 이해하기 위해 노력하고, 타인의 입장이 되어 보고, 타인의 신념을 읽어내기 위해 노력을 기울일 필요가 있습니다. 남의 생각을 100퍼센트 이해하지 못한다 할지라도, 적어도 '나와는 다르구나!' 라는 것을 있는 그대로 받아들일 수 있어야 합니다. 공감이라는 것은 타인의 감정과 상황을 있는 그대로 받아들인다는 뜻입니다. 나와 다르다고 해서 나쁜 것, 비난받아야 할 것, 틀린 것으로 판단해버리지 않는 것입니다. 그래서 공감능력은 인간관계에서 일어나는 각종 갈등의 강도를 약화시키고 완화시키는 작용을 합니다. 차이를 공감으로 극복하는 데에도 연습이 필요합니다. 이때 다음과 같은 사고 체계를 기억해두고 평소 의식적으로 연습해본다면 큰 도움이 될 것입니다.

♣ **공감 연습 4단계**

1. 관찰 : 상대방의 기분이나 감정 상태(눈빛, 시선, 말투, 동작, 자세 등)를 관찰한다.
2. 수긍 : 상대방의 입장이 나와 다르다는 것을 인식하고 있는 그대로 받아들인다.
3. 전환 : 비록 처음부터 완전히 이해하기는 어려울지라도, 같은 상황을 상대방의 입장이 되어 바라보고 느껴보는 연습을 한다.
4. 표현 : 상대방의 입장을 헤아리며 배려와 이해의 언어표현을 한다.
    (예: "이해합니다." "힘드셨겠습니다." "저 같아도 그랬을 것입니다.")

공감은 감사의 씨앗이다

자식에게 존경받는 부모, 학생들이 따르는 교사, 조직 구성원들이 좋아하는 리더, 사람의 진심을 얻어내는 인터뷰어의 공통점은 타인에게 공감할 줄 안다는 점입니다. 내 주장만 펼치는 것이 아니라 상대방의 입장에서 한 번 더 생각해보고, 상대방이었다면 어떤 생각이 들었을지 짐작해보는 과정을 습관적으로 갖습니다.

반면 나를 이해해주지 않고 내 입장에 대해 공감하지 않는 사람 앞에서는 누구든 배타적인 태도를 고수하게 됩니다. 예를 들어 다음과 같은 표현을 듣고 마음을 열 수 있는 사람은 아무도 없을 것입니다.

"당신 탓이야."
"내 말대로 하시오."
"당신 사정은 내 알 바 아니야."

모든 사람들이 마음으로 원하는 것은 타인의 비난이나 판단, 옳은 말, 일방적인 주장이 아닙니다. 그보다는 이해와 공감을 누구나 원합니다. 상대방이 나를 이해하고 내 입장에 대해 공감을 표할 때 내 마음의 빗장도 열릴 것이기 때문입니다.

내가 먼저 남에게 공감해주는 순간부터 관계가 유연해지고 불가능하던 일들이 가능해집니다. 대립 관계에 있던 상대방을 내 편으로 만드는 순간 원망이 아닌 감사의 마음이 절로 우러나올 것입니다. 그때부터 이 세상을 대하는 스펙트럼이 놀라울 정도로 달라집니다.

차이를 공감으로 만들기. 그것이야말로 감사의 마음을 싹틔우는 씨앗입니다.

[Gratitude Story]

내 인생 최고의 순간은 바로 지금

미국의 대통령 지미 카터는 자신의 저서 《나이 드는 것의 미덕》에서 대통령직에서 물러난 후의 삶에 대해 이야기했습니다. 그는 대통령 임기가 끝난 후의 여생을 진정으로 행복하게 보내기 위해 노력했습니다. 그리고 마침내 깨달았습니다. 정점에서 내려온 것 같았던 삶도 얼마든지 값지게 보낼 수 있다는 것을. 그리고 나이 든다는 것이 쇠퇴해가는 과정이 아니라 오히려 더 확장되고 확대되는 과정이라는 것을. 그래서 그는 누군가가 "당신의 인생에서 최고의 순간은 언제였습니까?"라고 물어봤을 때 다음과 같이 대답했다고 합니다.

"주지사도 해보고 대통령도 되어보았지만 지금이 제 인생에서 최고의 순간입니다."

또한 그는 나이가 든다는 것에 대하여 다음과 같은 멋진 말을 남겼습니다.

"후회가 꿈을 대신하는 순간부터 우리는 늙기 시작한다."

이것은 단순히 늙음에 대한 이야기가 아니라 지금 이 순간을 어떻게 받아들이고 어떻게 보내느냐에 대한 이야기일 것입니다. 후회와 원망과 불평 대신, 자신에게 허락된 모든 것에 감사할 때 비로소 '지금이 최고의 순간'임을 깨닫게 될 것입니다.

절망과 분노, 부정과 불평불만의 감정들은 삶을 공정하게 바라보는 감사의 기회를 막아버리고 우리의 마음속에 감옥을 만든다. 감사하는 마음이란 한쪽으로 편향된 감정의 소용돌이에서 벗어나 나 자신을 스스로 통제하고 진정한 자아를 만들어가는 것과도 같다.

4장

내 **감정**을 **조절**하는 감사 **습관**
친밀한 관계로 **만들기**

1. 상처받지 않기로 선택하라

영화배우 모건 프리먼은 흑인임에도 불구하고 미국을 대표하는 국민배우가 되었습니다. 수많은 작품을 통해 지적이고 개성 있는 캐릭터를 연기해온 그는 흑인 배우에 대한 차별이 심했던 헐리우드에서 차근차근 자신의 경력을 쌓아나갔고 마침내 영화계의 살아 있는 전설로 불리며 미국은 물론이고 전 세계 영화 애호가들의 사랑을 받고 있습니다.
그런 그에게 누군가가 이런 질문을 한 적이 있습니다.
"만일 누군가가 당신에게 검둥이라며 부당한 비난을 한다면 어떻게 하시겠습니까?"
이 질문에 대한 그의 대답은 다음과 같았습니다.
"그건 그 사람의 무례함의 문제이지 내 문제는 아닙니다. (남들의) 비난도 내가 받지 않으면 내 것이 아니니까요."
그의 이러한 대답은 내면이 강하고 현명한 사람이 갖춰야 할 것이 무엇인지를 깨닫게 합니다. 인도인들의 영원한 정신적 리더인 마하트마 간디도 이와 비슷한 이야기를 남긴 바 있습니다.
"내가 상처받지 않기로 마음먹었다면 누구도 내게 상처를 입힐 수 없습니다."
결국 타인에 의한 마음의 상처라는 것도 그것을 내 안에서 어떻게 처리하느냐에 따라 전혀 다른 결과를 가져온다는 것을 알 수 있습니다.

대한민국 최초 안전 매뉴얼 백서

그동안
알려드리지 못했습니다!

김학영 · 지영환 지음 / 420쪽 / 모아북스

언론사 및 방송에서 먼저 읽고 강력 추천한 책!

중앙일보, 한국검경뉴스, 국제신문, 독서신문, 매일일보, 아시아경제, 한국경제, 국민일보, 세계일보, 광양경제신문, 교수신문, 연합뉴스, KBS, 파이낸셜뉴스, 서울경제신문, 머니투데이, 광주일보, 토요경제, 무등일보, 온북TV, 컨슈머타임즈 외

대표전화: 0505-627-9784   **www.moabooks.com**

도서주문은 인터넷 교보문고, Yes24, 인터파크, 알라딘 및 전국 서점에서 구매하실 수 있습니다.

이 책을 읽어야 하는 이유는?

1 전 국민 남녀노소를 막론하고 누구나 반드시 알아야 할 사고 및 재난 시의 실질적 행동지침 내용이 알차게 담겨 있다.

2 손 닿는 곳에 가까이 놓아두고 수시로 펼쳐보며 숙지해 둔다면, 위기상황에서 당황하지 않고 자녀와 가족을 지켜 낼 수 있기 때문이다.

3 현장에서 안전교육 및 실무자들에게 훌륭한 지침서가 되며 24시간 응급상황을 슬기롭게 대처할 수 있다.

4 학교, 경찰서, 소방서, 국방부, 정부기관 및 관공서 안전실무자의 지침서로 꼭 필요한 책이기 때문이다.

차례

Part 1 위급상황 발생, 이것만 알면 생존 할 수 있다
Part 2 학교·가정의 어린이사고 및 각종 범죄 대처법
Part 3 수학여행 및 야외에서 발생하는 안전사고 예방법
Part 4 우리 집에서 자주 발생하는 사고 해결법
Part 5 대형사고에서 살아남는 행동 요령과 예방법
Part 6 자연 재난에서 살아남는 유형별 행동 요령
Part 7 전쟁과 테러 이것만 알면 안전
Part 8 사이버 범죄 및 야외 행사장·공연·전시회·박람회에서 안전한 대처법
|부록| 반드시 알아둬야 할 응급상황 필수상식
        상황별 응급 처치 요령

내 마음의 주인은 나 자신이다

우리는 살아가면서 수많은 관계를 통해 남으로부터 상처를 받기도 하고 또 남에게 상처를 주기도 합니다. 그러한 상처들은 마음속에 깊이 남아 타인에 대한 증오나 적개심을 불러일으키는 원인이 되기도 합니다. 혹은 자기 자신을 비하하게 만들어 자신감을 잃게 하거나 낮은 자존감을 형성하게 하기도 합니다.

부모의 꾸중, 친구나 동료의 조롱, 직장 상사의 호통, 남들이 쉽게 내뱉는 비난이나 무례한 말 한 마디……. 현대사회에서 개인에게 상처를 주는 요인들은 도처에 널려 있습니다. 직업의 특성상 사람을 많이 대해야 하거나 서비스 업종에 종사하는 경우라면 더욱 상처 받을 일이 많아질 수도 있습니다.

그러나 아무리 외부에서 공격이 가해지더라도, 내 마음속의 요새만 단단하고 굳건하다면 상처받을 일은 없습니다.

'남들의 비난은 내가 받지 않으면 그만'이라고 말한 모건 프리먼처럼, 누군가가 나에게 부당하고 불합리한 공격을 가했다 할지라도 나 스스로가 마음의 평정을 유지하는 것이 중요합니다. 상처를 받는다고 하는 것은 결국 내 마음의 선택, 즉 내가 그 상처를 받기로 선택했다는 뜻이기 때문입니다.

근거 있는 비난인가, 근거 없는 비난인가?

모든 사람에게는 양면성이 있습니다.

선한 모습도 있지만 때에 따라서는 악한 모습이 나오기도 하고, 정직하기도 하지만 상황에 따라 비열하거나 비겁한 모습을 보일 수도 있습니다. 가족에게는 유순하지만 남에게는 까다로울 수도 있습니다. 모든 사람들이 그런 것처럼 '나 자신'에게도 여러 가지 모습이 있을 수 있습니다. 선하지만 악할 수도 있고, 친절할 때도 있지만 불친절할 때도 있습니다. 내가 가진 그런 다양한 모습들이 남들에게 오해를 불러일으킬 수도 있고 잘못 전달되기도 합니다.

그렇기 때문에 누군가가 나를 비난하거나 섣불리 판단할 때, 그것은 맞을 수도 있고 아닐 수도 있습니다. 이는 상대방이 어떤 의도로 나를 비난했느냐에 따라 달라질 것입니다. 내가 정말 부족했기 때문에 비난을 받은 것일 수도 있지만, 아무 근거 없고 나와 상관 없는 공격일 수도 있습니다.

그때 우리가 할 일은 감정적으로 휘둘리는 것이 아니라 감정의 거품을 걷어내고 나 자신을 있는 그대로 객관적으로 바라보려 노력하는 것입니다.

감정에 휘둘리지 말고 감사할 일 찾기

그리스의 철학자 소크라테스는 살아생전 존경도 받았지만 무시도 많이 당했습니다. 한 번은 길을 가는데 불한당들이 그에게 돌을 던지며 조롱의 말을 쏟아 부었습니다. 그러나 그는 별로 개의치 않고 가던 길을 갔습니다. 옆에 있던 제자가 어찌하여 화를 내거나 맞대응을 하지 않느냐고 묻자 그는 이렇게 대답했다고 합니다.

"자네는 개가 짖을 때마다 같이 짖고 나귀가 뒷발로 찰 때 같이 차겠는가?"

이처럼 남들의 비난이 나에게 전혀 가치가 없는 것이라면 굳이 그것을 내 상처로 만들 필요가 없을 것입니다.

나에 대한 비난 속에 내가 미처 몰랐던 나의 단점이 있었다면 그 단점을 고치면 될 것입니다. 나에 대한 비난이 전혀 근거 없는 것이라면 그 비난을 '받지 않기로' 하면 됩니다. 즉 타인에 의해서가 아니라 내 마음에 의해 결정하자는 것입니다.

억울함, 분노, 증오, 적개심, 복수심에 쏟아 부을 감정적 에너지를 나 자신의 발전을 위한 긍정적 에너지로 바꿀 수 있습니다. 그리고 더 나아가 남들의 공격이나 비난을 통해 오히려 감사할 일을 찾아낼 수 있을 것입니다.

그러니 상처 받지 않아도 됩니다. 상처 받지 않기로 마음먹는 것은 자신의 선택입니다. 나 자신이 떳떳하다면, 그리고 단점을 고쳐 개선시켜 나간다면, 결과적으로 그들의 비난은 틀린 것이 되기 때문입니다.

> ♣ **타인의 공격을 감사 에너지로 바꾸는 4단계**
>
> 1. 응시 : 나에 대한 비난이 근거 있는 것인지, 전혀 근거 없는 것인지를 이성적으로 가만히 바라본다.
> 2. 전환 : 비난이 근거 없는 것이라면 더 이상 감정을 소진시키지 않는다. 부정적 감정에 소모될 에너지를 긍정적 에너지로 전환시킨다.
> 3. 발전 : 비난의 원인에 조금이라도 근거가 있다면, 내가 몰랐던 나 자신의 단점을 개선시키고 발전시킬 수 있는 여지를 찾고 실천한다.
> 4. 감사 : 타인의 공격을 통해 오히려 발전의 기회를 갖고 내면이 단단해지도록 단련한 것에 대해 감사의 마음을 갖는다.

2. 감정의 소용돌이에서 한 발 물러나자

심리학자이자 컨설턴트인 어니 젤린스키는 우리가 하는 모든 걱정과 고민의 대부분은 사실은 쓸데없는 것이라는 유명한 말을 남겼습니다.

"우리가 하는 걱정거리 중에
40%는 절대 현실에서 일어나지 않을 일에 대한 것이고
30%는 이미 일어난 일에 대한 것이고
22%는 걱정 안 해도 될 사소한 것들이고
4%는 우리 힘으로 어쩔 도리가 없는 것들이고
나머지 4%만이 우리가 대처할 수 있고 바꿀 수 있는 것이다.
즉 걱정과 고민의 96%는 쓸데없는 것이다."

걱정이 걱정을 낳고, 고민이 고민을 낳습니다.
지금 당장 해결할 수 있고 바꿀 수 있는 것이 4%밖에 안 되는데도, 그 4%를 해결할 생각을 하지 않고 그저 걱정을 하느라 대부분의 시간을 보냅니다.
잊어버려야 할 일들을 오래 기억하고, 홀홀 털어버려야 할 일들에 집착합니다. 이미 지난 일들, 이제는 어쩔 도리가 없는 일들을 생각하고 또 되새기며 후회합니다. 타인의 말 한 마디에 서운해 하고, 그 서운한 감

정을 떨쳐버리지 못한 채 과거에 머무릅니다. 남들이 내게 준 상처를 스스로 계속 건드리며, 그 상처를 치유하려 노력하는 것이 아니라 오히려 상처를 키웁니다. 해결책을 찾기 위해 노력하는 것이 아니라 해결책을 찾지 못할까봐 전전긍긍하며 시간만 보냅니다.

"불안은 영혼을 갉아먹는다"라는 말처럼, 우리의 영혼을 갉아먹는 것은 고민과 걱정, 그리고 부정적 감정들일지도 모릅니다. 감정의 소용돌이에 휘말려 앞으로 더 나아가지 못합니다.
감정의 소용돌이 때문에 주변 사람들에게도 또 다른 상처를 입힙니다. 불안한 감정의 소용돌이에서 빠져나오지 못하는 사람들은 자기 삶을 원망하고 세상을 원망합니다. 그 모든 걱정과 고민의 96%가 사실은 쓸데없는 것인데도 말입니다.

감정은 실체가 없다

어니 젤린스키의 말처럼, 우리를 괴롭히는 것의 대부분은 실체가 없는 것입니다. 아무리 걱정하고 고민하고 전전긍긍한다 하더라도, 당장 문제를 해결할 수 있기 때문에 걱정하기보다는, 단지 걱정의 소용돌이에서 헤어나지 못하는 경우가 많습니다.

"남의 염병이 내 고뿔만 못하다."

위 속담처럼 사람들은 자신의 고민, 자신의 걱정, 자신의 불행을 실제보다 부풀리는 경향이 있습니다. 내 일보다 남의 일이 쉬워 보이고, 남들보다 나만 더 힘든 것 같고, 남의 걱정보다 내 걱정이 더 중하다고 느낍니다. 자신의 불행을 실제보다 크게 부풀리고, 자신의 불운을 실제보다 과장하여 받아들이는 것입니다.

우리는 걱정을 과장하고, 고민을 과장하고, 불행을 과장합니다. 그러나 우리의 걱정거리의 대부분이 사실은 쓸데없는 것일 수 있습니다. 우리가 스스로 불행하다고 여기는 생각은 알고 보면 실체가 모호한 경우가 많습니다. 객관적인 데이터에 의해서가 아니라 스스로 만들어낸 허상에 갇혀 걱정하고 고민하고 불행해 합니다.

이 모든 것이 부정적인 감정의 소용돌이와도 같습니다. 소용돌이가 가라앉고 나면 그 안에 놓여 있던 불행의 원인이란 것이 아주 작고 사소한 것으로 드러날지도 모릅니다.

거짓된 감정 때문에 감사를 잊어버린다

결국 우리를 불행하게 만드는 건 우리가 스스로 만들어낸 감정의 허상일 가능성이 높습니다.

걱정이 지나치면 부정적 사고가 우리를 지배합니다. 당장 해결할 수 없는 문제들을 끌어안고 사는 사람일수록 삶을 비관적으로 바라봅니다. 부정적 감정의 소용돌이에 스스로 휘말리는 사람일수록 남을 원망하고 세상을 원망하고 자신의 삶을 원망하는 경우가 많습니다. 부정적 감정과 불필요한 걱정은 심리적 불안의 가장 큰 원인으로 작용합니다. 걱정이 많고 심리적으로 불안하면 마음이 위축되고 마음에 검은 구름이 드리워집니다. 빨리 잊어버려도 될 것들을 계속 기억하고, 지금 가지고 있는 소중한 것을 보지 못하게 만들고, 역경을 극복할 수 있는 힘을 약화시킵니다.

지금 하고 있는 고민을 통해 당장 문제를 해결할 수 있는 것이 아니라면, 그 고민을 멈출 필요가 있습니다. 해결책이 보이지 않는다면 고민을 오히려 무시하는 것이 더 나을 수도 있습니다. 단념할 것은 단념할 필요가 있습니다. 감정의 소용돌이에 휘말리지 말고, 차라리 태풍의 눈 속으로 들어가듯이 소용돌이의 한가운데로 똑바로 걸어 들어가 감정의 평정 상태를 찾는 것이 중요합니다.

치우치지 않는 마음의 평정

성경의 바울은 다음과 같이 말했습니다.

"내가 비천에 처할 줄도 알고 풍부에 처할 줄도 알아 모든 일에 배부르며 배고픔과 풍부와 궁핍에도 일체의 비결을 배웠노라."

그런 것처럼 사람의 불행과 행복을 결정하는 것은 풍부함과 궁핍함 자체가 아닙니다. 판단의 핵심은, 그 상태를 어떻게 받아들이는가 하는 마음가짐과 감정 상태입니다. 불행의 원인도 알고 보면 실제 현실보다 부정적 감정 때문이라는 이야기입니다.

재물을 많이 가진 사람은 더 많이 가지고 싶다는 욕심 때문에 감사하지 못하고, 재능을 가진 사람은 자기보다 더 재능 있는 사람들이 존재한다는 사실 때문에 감사하지 못합니다. 열등감이라는 감정, 내가 남보다 불행하다는 감정, 지금 갖고 있는 것이 충분하지 않다는 원망의 감정, 내가 처한 현실에 만족하지 못하는 불평의 감정 때문에 행복하지 못하고 감사하지 못합니다.

그러나 행복한 삶에 대한 감사의 마음은 지금의 걱정거리가 모두 사라졌을 때 저절로 오는 것이 아닙니다. 내 마음 속의 부정적 감정을 걷어내고 행복의 이유와 감사의 이유를 적극적으로 찾을 때 비로소 행복해지고 감사하게 됩니다.

문제가 해결되어야 걱정이 끝나는 것이 아니라, 걱정을 끝내야 문제 해결의 실마리를 찾을 수 있습니다. 내게 부족한 것들이 채워져야 행복해지는 것이 아니라, 행복해지기로 결심을 해야 부족한 것들을 채울 수 있는 힘이 생깁니다. 남보다 우월해짐으로써 감사할 수 있는 것이 아니라, 감사하는 마음을 가질 때 비로소 나 자신에게만 있는 유일무이한 가치를 발견할 수 있습니다.

생각을 바꾸면 삶이 달라집니다. 불필요한 감정의 거품을 걷어내면 그동안 불행의 원인이라고 느꼈던 것들의 실체가 보입니다. 그 실체를 직시할 수 있을 때, 내게 주어진 지금의 모든 것에 감사할 수 있고 현재의 삶의 과정들을 즐길 수 있습니다. 감정의 먹구름을 스스로 걷어내면 더 밝은 빛 속에서 내 삶을 바라볼 수 있습니다.

♣ 부정적 감정의 소용돌이에서 벗어나는 5단계

: 멈춤 - 들어감 - 바라봄 - 예측 - 변화

1. 멈춤 : 걱정을 멈추고, 고민을 멈추고, 부정적 감정의 소용돌이를 잠시 멈춘다.
2. 들어감 : 감정의 소용돌이 가장자리에 머물지 말고, 태풍의 핵으로 들어가듯 그 안으로 들어간다.
3. 바라봄 : 지금 할 수 있는 일과 없는 일, 해결할 수 있는 일과 해결할 수 없는 일을 정면으로 바라본다.
4. 예측 : 문제를 해결하기 위한 행동을 취했을 때의 결과 및 실패 가능성과 부작용까지 예측해본다.
5. 변화 : 지금 할 수 있는 한도 내에서 가장 즉각적이고 현실적인 결과를 가져올 수 있는 해결책을 시도하여 변화를 만든다.

3. 행운과 불행을 통제할 수 있다면

'머피의 법칙'이라는 말이 있습니다. 흔히 사람들이 그날따라 모든 일이 꼬이거나, 남들에 비해 자신만 운이 없다고 느낄 때 쓰는 말입니다. 줄을 섰는데 내가 선 줄만 안 줄어들거나, 택시를 잡는데 나만 안 잡히는 것 같거나, 시험을 봤는데 자기가 유일하게 공부를 안 했던 부분에서만 출제가 된다든가, 운전을 하는데 하필이면 내가 속한 차선만 계속 막히는 것 같을 때 적용됩니다.

좀처럼 일이 꼬이는 경우를 일컫는 '머피의 법칙'은 1949년 미국의 에드워드 공군기지에서 근무하던 에드워드 머피 대위가 처음 사용한 일종의 경험 법칙입니다. 당시 공군에서는 어떤 실험이 진행되었습니다. 조종사들에게 전극봉을 이용해 가속된 신체가 갑자기 정지될 때 신체 상태를 측정하는 감속 실험이었는데 실험 결과는 모두 실패였습니다. 그런데 머피는 의외로 사소한 곳에서 실패의 원인을 찾아냈습니다. 조종사들에게 쓰인 전극봉의 한쪽 끝이 잘못 연결되어 있었는데 그 원인을 찾아보니 한 기술자의 실수에 의해 배선이 제대로 연결되지 않았던 것입니다.

이것을 보고 머피는 "어떤 일을 하는 데 있어서 여러 가지 방법이 있고 그 중 한 가지 방법이 재앙을 일으킬 수 있다면, 누군가가 꼭 그 방법을 쓴다"라고 말했습니다. 우리가 알고 있는 '머피의 법칙'은 바로 여기에서 유래한 말입니다.

이처럼 '머피의 법칙'이란 원래는 안 좋은 일이 벌어지기 전에 미리 대비해야 한다는 취지의 말이었습니다. 그런데 그 후 일이 좀처럼 풀리지 않고 갈수록 안 좋은 방향으로 꼬이는 경우를 뜻하는 말로 널리 쓰이게 되었습니다.

훗날 과학자들과 수학자들은 다양한 통계와 실험에 의해 '머피의 법칙'이 오로지 자신에게만 적용되는 '나쁜 운' 때문이 아님을 증명했습니다. 운이 나쁜 것처럼 보이는 일들도 알고 보면 수학적으로 계산할 수 있고 예측할 수 있는 '경우의 수'의 한 결과들일 뿐이라는 것입니다.

결국 '나만 불행해'라든가 '나만 운이 나빠', '나만 일이 안 풀려'라고 느끼는 모든 것들은 나의 기분과 감정과 태도 때문이지, 정말로 운이 나쁘고 정말로 나에게만 불행이 닥치기 때문은 아니라는 것입니다.

행운도 불운도 사실은 통제할 수 있는 것일지도 모릅니다. 문제는 자신에게 닥친 상황을 처리하고 받아들이는 태도일 것입니다.

행운과 불운은 통제하기 나름이다

누구나 자신의 삶에서 행운이 오기를 바라고 불운이 비켜 가기를 바랄 것입니다. 그러나 인생을 살아가면서 누구나 행운의 기회가 오기도 하고 불행한 사고를 겪기도 합니다. 행운이 우연히 오기도 하지만 원치 않던 불행이 들이닥치기도 합니다.

중요한 것은 자신에게 닥친 행운과 불운을 어떻게 받아들일 것인가 하는 점입니다. 행운도 불운도 영원한 것은 아닙니다. 인간의 삶이 빛나는 지점은 행운 앞에 자만하지 않는 것, 그리고 불운이 닥쳤다 할지라도 지혜롭게 극복하는 힘에 있을 것입니다.

'머피의 법칙'도 나한테만 안 좋은 일이 벌어지는 것 같다는 '기분'일 뿐입니다. 나만 불운을 겪는 것이 아니라 사실은 수학적 법칙을 적용할 수 있는 '경우의 수'에 불과한 것일지도 모릅니다.

나만 택시가 안 잡히는 것 같지만 알고 보면 택시가 안 잡힐 수 있는 경우의 수일 뿐이고, 내가 선 줄만 안 줄어드는 것 같지만 그것도 어찌 보면 수학적 통계 법칙의 아주 작은 부분일 수 있습니다.

따라서 기분에 의해 자신의 불운이나 불행을 더 과장하고 불평불만을 일삼으며 불행의 감정 속에 주저앉기 보다는, 훌훌 털고 일어나 '이럴 수도 있지'라고 생각해버리고 지나가는 것이 더 현명합니다.

예를 들어 비관론자들은 택시가 안 잡히는 상황에서 '나만 왜 택시가 안 잡히지?'라고 불평만 하다 시간을 보냅니다. 반면 낙관론자들은 '요즘엔 택시가 안 잡히는 경우가 많군'이라고 하며 객관적 상황을 인식할 뿐입니다. 비관적 감정에 짓눌리지 않는 것입니다.

즉 비관론자들은 '머피의 법칙' 같은 불운의 일들이 벌어졌을 때 습관적으로 '왜 나만?' 이라고 느낍니다. 불운한 사건의 원인을 '나 자신' 에게서 찾는 것입니다. 그러나 낙관론자들은 불운한 사건이 벌어졌더라도 '왜 나만?' 이 아니라 '이 상황은, 요즘엔, 이런 경우엔, 오늘은' 과 같이 원인을 '나 자신' 이 아닌 객관적 상황에서 찾습니다. 지금 안 좋은 상황이 벌어졌지만 얼마든지 그럴 수 있는 일이고, 일시적으로 벌어질 수 있는 사건일 뿐이며, 내 탓이 아닌 외부 상황 때문에 벌어지는 일일 뿐이라고 생각하는 것입니다.

♣ **내면 통제의 차이**

- 내면을 통제하지 못하는 사람들의 특징
1. 불운의 원인을 '나' 에게서 찾는다.
2. 불운을 과장한다.
3. 불운이 장기적이라고 판단한다.
4. 감정적으로 대응한다.

- 내면을 통제할 줄 아는 사람들의 특징

1. 불운의 원인을 외부에서 찾는다.
2. 불운을 과장도 축소도 하지 않고 있는 그대로 본다.
3. 불운이 일시적이라고 판단한다.
4. 이성적으로 대응한다.

내면을 통제하여 행복감 발굴하기

행운도 불운도 사실은 그 사건 자체보다는 그 사건을 받아들이는 본인의 내면 통제력에 달려 있다고 할 수 있습니다. 늘 불행하다고 느끼고 운이 없다고 느끼고 불평불만이 많은 사람들은 어떤 상황에 직면했을 때 부정적 감정을 과장하고 장기화시킵니다. 불행을 스스로 선택합니다. 바꿀 수 없는 것들에 미련을 갖고 그 안에서 빠져나오지 못합니다.

자신의 삶이 행복하다고 느끼는 사람들은 힘든 상황에 직면했을 때 부정적 감정을 축소하고 단기화시킵니다. 그 대신 당장 자신이 할 수 있는 것이 무엇인지를 찾고 실천에 옮깁니다. 바꿀 수 없는 것에 대해서는 단념하되, 작은 것부터 변화시키기 위해 먼저 실행을 하려고 합니다. 그리고 작은 실행이나마 할 수 있는 것에 대해 감사한 마음을 갖습니다.

그렇다면 내면의 통제력을 길러 행복을 발굴하기 위해서는 어떻게 해야 할까요?

첫째, 상황이나 상대방을 바꾸려 하지 말고 그에 대한 나의 태도를 바꾸는 것입니다.

예 : 'A라는 사람 때문에 너무 힘들어.'

→ 'A의 성향이 나와 다르긴 하지만 그것 때문에 내가 불행할 이유는 없어.'

둘째, 직설적인 감정 표현보다 그 상황을 있는 그대로 이해하는 표현을 하는 것입니다.

예 : '우산을 안 들고 나왔는데 비가 오다니, 왜 나는 늘 이렇게 재수가 없지? 짜증나 죽겠어.'

→ '일기예보를 미처 신경 쓰지 못했군. 편의점에서 우산을 사면 되겠어.'

셋째, 타인과 입장을 바꿔 생각해보고, 전체 상황을 객관적으로 바라보는 것입니다.

예 : '당신이 뭔데 나한테 이러는 거야? 나를 무시하는 거야?

→ '나 역시 당신의 상황이었다면 그렇게 했을 수 있겠군요.'

넷째, 내 힘으로 해결할 수 없는 것에 대해서는 잠시 기다리고 차선책이나 장기적 계획을 찾아보는 것입니다.

예 : '젠장! 내가 들어선 길마다 왜 이리 막히는 거야?'

→ '교통방송을 들어보니 지금 이 길에서는 30분 정도 지체할 수밖에 없군. 그동안 음악을 듣거나 업무 계획을 세워야겠어.'

♣ **내면 통제로 행복감 찾기**

1. 상황을 바꾸지 말고 상황에 대한 태도를 바꾸기
2. 감정 표현을 상황 이해로 바꾸기
3. 입장 바꿔 생각해보기
4. 차선책을 찾아 실천하기

♣ **내면 통제를 위한 자기암시 3가지**

1. 불운의 사건 자체보다 그 사건에 대한 자신의 태도가 중요하다.
2. 부정적이고 비관적인 감정은 실체가 없으며 해결책을 제시해주지도

못한다.
3. 내 삶을 개선시키는 것은 걱정이나 분노의 감정이 아니라 작은 해결책부터 찾아나가는 합리적이고 이성적인 사고다.

4. 감정에 지배당하지 않는 비결

인간에게 행복감을 주는 것은 물질이나 환경보다 정신적 만족감이라고 합니다. 이는 단지 추상적인 이야기가 아니라 의학적으로도 증명된 사실입니다.

실제로 사람이 지나친 분노나 흥분 상태가 아닌 평온하고 고요한 마음 상태에 있을 때 뇌의 활동을 단층 촬영으로 관찰해 보면, 행복감을 유발하는 대뇌엽의 특정 지점이 보통 때보다 활발한 움직임을 보인다는 다양한 실험 결과가 있습니다. 평화롭고 긍정적인 감정은 두뇌 활동과도 직접적인 연관이 있다는 것입니다.

또한 인간이 숨을 내쉴 때의 공기를 모아 화학작용을 거치면 침전물질을 모을 수가 있는데, 즐거운 기분일 때는 청색의 침전물이, 분노나 고통을 느낄 때는 어두운 갈색이나 탁한 색의 침전물이 모아진다는 실험 결과가 있습니다.

더구나 즐거울 때 만들어진 청색 침전물과 달리, 분노나 고통 상태에서 추출된 어두운 색 침전물에는 독소가 들어있다고 합니다. 이 독소는 매우 치명적이어서 쥐에게 주사했을 때 짧은 시간 안에 쥐를 죽음에 이르게 할 수 있었다는 것입니다.

이러한 다양한 의학 실험에서 알 수 있듯이 안정적이고 긍정적인 감정 상태일 때는 두뇌 활동도 건강해지고 신체에서 좋은 기운이 생성됩니다. 반면 불안하고 부정적인 감정 상태일 때는 정말로 살아있는 생물을 죽일 수 있을 정도의 치명적인 독소가 우리 몸에서 생성됩니다.
따라서 자신의 감정의 노예가 되어 분노, 화, 부정적 사고에 지배당한다면 그것은 곧 스스로를 망치고 주변을 해치는 것이나 다름없습니다.

삶의 주인이 된다는 의미는

스스로 삶의 주인이 된다는 것은 나의 감정과 이성, 부정적 인식과 긍정적 인식까지도 모두 제어할 수 있다는 뜻입니다. 안 좋은 상황이 닥쳤을 때 분노에 지배당하는 것이 아니라 그 후 어떻게 해결할 것인지를 이성적으로 생각할 수 있다는 뜻이고, 슬픔에 빠져 있는 것이 아니라 슬픔을 극복하고 나아갈 길을 찾는다는 뜻입니다. 편견과 오해에 사로잡혀 타인을 잘못 판단하거나 원망하는 것이 아니라 공정한 판단력을 갖춘다는 것을 뜻합니다.

인간은 다양한 감정을 가질 수밖에 없습니다. 그러나 그 감정이 나를 멋대로 지배하도록 내버려두는 것이 아니라 내가 감정을 지배할 수 있는 것이 중요합니다. 눈앞에 닥친 상황을 객관적으로 바라보고, 내 삶의 중심이 무엇인지를 인식하고, 이성과 감성의 균형을 잃지 않도록 해야 합니다.

이러한 조화와 통제력을 갖추고 자신의 내면을, 그리고 인생의 나아갈 바를 고요하게 들여다보는 순간, 나라는 존재가 오롯이 보일 것입니다.

그 모습은 완벽하지 않을지도 모릅니다. 그러나 지금의 모습만으로도 충분히 가치 있는 나 자신이 있을 것이며, 그러한 나 자신의 삶을 사랑하게 되고 지금의 모든 것에 감사하게 될 것입니다. 현재의 모든 것에 감사하고 과거를 발판 삼아 미래에 대해 확신과 자신감을 가질 수 있을 것입니다.

감사는 마음의 균형을 찾는 것이다

삶에 감사하는 마음을 갖는다는 것은 정신적 균형을 되찾는다는 것을 의미합니다. 그것은 어두운 쪽을 가려놓고 막연히 낙관성만 가지는 것을 의미하는 것이 아니라, 지금의 내 삶이 어떤 점에서 부족하고 어떤 점에서 희망적인지를 있는 그대로 직시하는 것입니다. 잘못된 것이 있다면 제대로 고치고, 좋은 점이 있다면 제대로 파악하는 것입니다.

정신의 균형을 유지한다는 것은 타인의 비판이나 평가를 감정적으로 받아들이지 않고 필요한 부분을 수용하여 활용하는 것을 뜻하기도 합니다. 자신의 감정을 통제할 수 있다면 남들의 비난에 연연해할 필요도 없고 남들의 공격에 상처받을 필요도 없을 것입니다.

외부적이고 불가항력인 사건이나 사고도 마찬가지입니다. 자신을 통제할 수 있고 감정을 통제할 수 있다면, 지금 느껴지는 비관적 사고방식이나 슬픔, 분노, 증오, 절망도 얼마든지 내 힘으로 제어하고 통제할 수 있습니다. 불행도 절망도 어디까지나 자신이 선택하고 통제하기 나름이기 때문입니다.

♣ **정신의 균형을 찾는 감사 연습**

: 상황 인식 → 불가능성 인식 → 가능성 인식 ☞ 평정과 균형

1. 상황을 받아들이기
: 현재의 상황을 인정하고 받아들인다. 좋은 것은 좋은 대로, 나쁜 것은 나쁜 대로 현실임을 인식한다.

2. 불가능한 것을 받아들이기
: 내가 피할 수 없는 것들, 혹은 해결할 수 없는 것들이 있음을 받아들인다.

> **3. 가능한 것을 받아들이기**
> : 여전히 내게 좋은 조건들이 있다는 것, 당연하게 여겼지만 소중한 것들이 남아 있다는 것을 인식한다.

감사는 긍정과 부정의 통합이다

감사는 긍정과 부정의 사고방식을 통합하는 것과 같습니다. 부정을 버리고 긍정만 취하는 것도 아니고, 부정적 인식에 머무는 것도 아닙니다. 자신의 모습이나 현재 상황에서 단점만 보고 비관성을 부각시키면 절망이 싹틉니다. 반대로 자신의 상황에서 장점만 보려 하고 단점은 회피하려 하면 발전은 있을 수 없습니다.

그러나 장점과 단점, 좋은 점과 나쁜 점, 낙관성과 비관성을 골고루 바라보면 자기 삶을 능동적으로 지휘할 수 있습니다. 그러한 힘을 부여하는 것이 바로 감사의 마음입니다. 나 자신 대해, 지금의 상황에 대해, 나를 둘러싼 모든 것들에 대해 감사하는 것입니다. 이와 같은 마음의 힘이 단단해지고 기초가 굳건해질 때, 외부의 공격은 큰 의미가 없음을 깨닫게 될 것입니다. 그리고 좀 더 주체적으로 자신의 삶을 일궈나갈 수 있을 것입니다.

♣ 나를 사랑하고 내 삶에 감사하는 마인드컨트롤 5단계

1단계 : 나 자신을 있는 그대로 받아들이고 유일무이한 존재임을 알아차리기
2단계 : 내 단점을 인정하기
3단계 : 내 장점을 찾고 칭찬하기
4단계 : 나에게 내재된 가능성 찾기
5단계 : 나 자신에게 감사할 일 찾기

♣ 삶을 주체적으로 통제하기 위한 '나 알기' 10단계

1. 지금의 내 모습 알아차리기
2. 지금까지 자신에게 원했던 것 vs 지금 이루지 못한 것 파악하기
3. 남들이 내게 말해준 칭찬이나 장점 떠올리기
4. 남들이 내게 말해준 비난이나 단점 떠올리기
5. 살아오면서 가장 기쁘고 보람 있었던 일 떠올리기
6. 살아오면서 가장 고통스럽고 싫었던 일 떠올리기
7. 1년 후의 내 모습 그려보기
8. 5년 후의 내 모습 그려보기
9. 10년 후의 내 모습 그려보기
10. 앞으로의 내 모습을 위해 지금 당장 실천할 수 있는 것 5가지 찾기

[Gratitude Story]

착한 사람에게 시련이 닥치는 이유는 무엇인가?

미국의 랍비이자 신학박사 해럴드 쿠시너(Harold Kushner)는 첫 아들을 불치병으로 잃은 후 《왜 착한 사람에게 나쁜 일이 일어날까》라는 책을 집필했습니다. 신앙인으로, 신학박사로 평생을 선량하게 살며 많은 사람들의 존경을 받은 그에게 있어, 어린 아들의 불치병은 크나큰 절망이자 이해할 수 없는 고통이었습니다. 아무리 신앙인이라 하더라도 자식을 잃는 슬픔을 받아들이기란 어려운 일입니다.

'왜 죄 없는 사람에게 나쁜 일이 일어나며, 왜 선량한 사람들에게 이유 없는 고통이 닥치기도 하는가?'

오랜 세월 이러한 물음을 거듭한 그는 서서히 자신의 사고가 확장되어 감을 깨닫습니다. '왜 착한 사람에게 나쁜 일이 일어나는가?'라는 질문은 '신이 선량한 사람들에게 고통을 가한 것이 아니다'라는 해답으로 이어집니다. 그리고 '왜 고통을 당했는가?'에 집착하는 것이 아니라 '이 고통을 어떻게 의미 있게 바꿀 것인가?'를 고민하는 과정에서 신에 대한 감사의 역할과 진정한 의미를 도출할 수 있음을 깨닫습니다.

헤럴드 쿠시너는 이렇게 말했습니다. "선인과 악인에게 똑같이 차별없이 이런 일이 생긴다면 하나님은 무슨 소용이 있는가?"라고 질문한 사람에게 나는 이렇게 말하고 싶습니다. 하나님은 재앙을 막을 수 없을지 모르지만, 우리에게 재앙을 극복할 수 있는 힘과 인내심을 줍니다."
그는 착한 사람이 시련을 겪어야 하는 이유와 책임을, 내면화를 통한 극복과 감사의 의미로 바꾸어 놓았습니다.
그는 사람들의 고통에 대해 좀 더 깊이 들여다볼 수 있게 되었습니다. 사람들의 고통에 더욱 관심을 갖게 되었습니다. 인간이라면 누구든, 어떠한 가정이든, 불행과 고통에 시달릴 수 있음을 직시하게 되었습니다. 그렇기 때문에 모든 인간에게 사랑이 필요하고 감사가 필요하다는 것을 깨닫게 되었습니다.

감사는 이론이 아니라 실천이자 실행이다. 표현하고, 써보고, 말해보고, 행동하고, 남에게 전달함으로써 비로소 감사를 완성할 수 있다. 열매를 기대하는 농부가 씨앗을 뿌리고 부지런히 가꾸듯이, 누구나 매일 감사 습관을 일궈낼 수 있다.

5장

감사 습관의 실천

1. 감사습관 행동하고, 또 행동하기

"이 세상의 수많은 위대한 성공에는 0.3초의 기적이 있었습니다. 그것은 '감사합니다' 라는 말 한마디입니다."

에미상을 수상한 바 있는 미국의 저명한 여성 앵커 데보라 노빌 (Deborah Norville)은 자신의 베스트셀러 저서 《감사의 힘》을 통해 위와 같이 이야기했습니다.

그녀는 뉴스 프로그램인 '인사이드 에디션' 을 비롯한 수많은 방송의 진행자이자 기자로 활동하면서 자신이 인터뷰했던 수많은 사람들의 성공 사례들 중에서 공통점이 있다는 것을 발견했습니다. 그것은 바로 '감사합니다(Thank you)' 라는 말을 다른 사람보다 더 자주 한다는 것이었습니다. "Thank you"라는 말을 발음하는 데 드는 시간이 평균 0.3초, 즉 1초도 걸리지 않는다고 하여 '0.3초의 기적' 이라 비유했습니다. 데보라 노빌은 1초도 걸리지 않는 감사 표현을 함으로써 인간관계가 달라지고 환경이 달라진다고 이야기했습니다.

주변에 있는 사람들과 모든 것에 대해 감사하는 습관이 있는 사람들일수록 자신의 일과 인생에서 성공을 성취하더라는 것입니다. 또한 감사 표현을 자주 할수록 자기 자신의 존재 가치에 대해 깨닫게 된다고 하면서, 누구나 가장 고마워해야 할 대상은 다른 누구보다도 자기 자신이라는 점을 강조했습니다.

영어에서 '감사합니다(Thank you)'의 'thank'라는 어휘의 어원은 '생각하다(Think)'라고 합니다. 결국 감사한다는 표현은 '당신을 생각한다'라는 의미와 다름없었다는 것입니다. 당신의 호의와 당신의 행동과 당신이라는 존재에 대해 생각하고 새겨둔다는 '감사'라는 한 마디.

우리말로도 '고맙습니다', '감사합니다'를 입 밖으로 소리 내어 발음하는 데 드는 시간은 오래 걸리지 않습니다. 이 간단한 어휘 하나에 많은 의미가 함축되어 있고 인생의 성공으로 이끄는 비밀들이 숨어있다는 것을 잊지 말아야 할 것입니다.

언어가 의식을 바꾼다

사람의 의식은 자신이 사용하는 어휘에 의해 큰 영향을 받습니다. 또한 사람의 두뇌는 자신이 발음하는 단어, 혹은 자신의 귀에 들리는 단어에 의해 즉각적으로 반응을 합니다.

이와 관련해 미국의 사회심리학자인 예일대학교 존 바그(John Bargh) 교수는 어휘와 두뇌 반응의 상관 관계에 대해 연구를 했는데, 예를 들어 '움직이다'라는 동사를 읽는 순간 이미 두뇌는 신체에 움직임을 명령할 수 있도록 준비를 시킨다고 합니다. 즉 특정 어휘를 읽거나 듣는 순간 우리의 두뇌의 특정 부위에서도 그 어휘대로 작동할

준비를 이미 한다는 것입니다.

평소 어떤 어휘를 주로 사용하느냐에 따라 미래가 달라지고 삶이 달라집니다. 미국의 한 교도소에서 조사한 바에 의하면, 크고 작은 범죄를 저지르고 교도소에 들어오게 된 재소자들의 거의 대부분이 어렸을 때부터 부모로부터 부정적인 말, 예를 들어 "이런 한심한 녀석"이라든가 "너 같은 놈은 결국 감옥에 갈 거야" 같은 말을 들은 적이 있다고 합니다.

부모가 욕설을 자주 하는 집에서 자란 아이는 어휘뿐만 아니라 삶에 대한 태도에 있어서도 욕설과 분노와 부정적인 에너지가 가득할 것입니다. 반면 긍정적인 표현과 감사의 표현을 자주 하는 집에서 자란 아이는 커서도 주변 사람들에게 감사하고 자기 자신도 소중히 여길 줄 아는 사람이 될 것입니다.

그래서 감사를 마음속으로 생각만 하는 것이 아니라 적극적으로 표현하는 것이 중요합니다. 이는 감사의 효과를 증명하기 위해 심리학, 의학, 사회학 전문가들이 실시한 다양한 실험의 결과들을 통해서도 알 수 있습니다.

생활 속에서 감사한 일을 떠올리고, 표현하고, 일기를 쓰고, 주변 사람들에게 이야기하는 사람들은 그렇지 않은 사람들에 비해 자신의 삶을 긍정적으로 바라보고, 스트레스 극복 능력이 좋아지며, 행복감을 더 느낀다는 연구 결과가 무수히 나와 있습니다.

말이 행동을 지배한다

흔히 머릿속으로 생각을 한 것이 말이라는 결과로 표출되어 나오는 것이라고 여기는 경우가 많습니다. 즉 '생각=원인, 말=결과' 라고 여기는 것입니다. 그러나 두뇌의 메커니즘은 오히려 이와 반대입니다. 즉 '말=원인, 생각=결과' 로 작용하는 것입니다.

말이 생각을 만들고, 생각이 두뇌에서 특정한 명령을 만들고, 이 명령이 자율신경계 작용을 통해 행동으로 표출되고, 그 행동이 그 사람의 삶을 형성합니다. 또한 말은 언어중추신경을, 언어중추신경은 모든 신경계를 지배합니다. 이 과정은 다음과 같이 도식화될 수 있습니다.

> ♣ **말의 행동 형성 시스템**
>
> [말(발화) → 생각(언어중추신경계) → 명령 → 자율신경계 → 행동(표출)] → 반복 → 행동 패턴 형성 → 삶의 패턴 형성

어휘가 우리 삶에 어떤 영향을 끼치는가 하는 점은 비단 감사 표현만이 아닙니다. 그중 대표적인 것이 '쿠션언어' 혹은 '쿠션화법'이라 부르는 어휘들입니다.

쿠션언어란 타인과의 커뮤니케이션에 있어서 상대방으로 하여금 배려와 존중을 느낄 수 있도록 도와주는 표현들을 일컫습니다. 일상의 대화를 할 때는 물론이고 상대방에게 뭔가를 부탁할 때, 요구할 때, 거절할 때 등등 다양한 상황에서 오해나 마찰을 줄이고 부드러운 분위기를 형성하는 데 도움을 주는 언어, 마치 말랑말랑한 쿠션이 충격파를 줄여주는 것 같은 효과를 발휘하는 어휘입니다.

> ♣ **쿠션언어의 예**
>
> - 어려운 상황일 때: 죄송합니다만, 실례지만, 번거로우시겠지만, 괜찮으시다면, 가능하시다면, 어려우시겠지만
> - 긍정적인 상황일 때: 덕분입니다, 신세 많이 졌습니다, 감사합니다

이와 같은 다양한 쿠션언어 중에서 가장 핵심적인 성격을 지닌 어휘는 다름 아닌 '감사합니다'일 것입니다. 타인을 향해 '감사'를 말한 순간, 그 말은 상대방을 향해서뿐만 아니라 그 말을 입 밖으로 낸 나 자신에게 되돌아오기 때문입니다.

감사 표현은 삶을 바꾸는 씨앗이다

《탈무드》 우화 중에 이런 이야기가 있습니다. 어느 왕이 광대 2명에게 심부름을 시켰습니다. 이 세상에서 가장 선한 것과 가장 악한 것을 하나씩 가져오라고.

그러자 2명의 광대가 똑같은 것을 가져왔습니다. 그것은 다름 아닌 '혀'였습니다. 사람을 살리고 인생을 바꾸고 세상을 바꾸는 선한 말도 혀에서 나오고, 사람을 죽이고 인생을 망치고 세상을 무너뜨리는 악한 말 또한 혀에서 나오기 때문입니다.

창세기에서 세상을 만든 것도 '말'이었습니다. 하나님이 '빛이 생겨라'라고 '말'을 함으로써 비로소 빛이 생기고 삼라만상이 생겼던 것입니다. 그만큼 말이란 모든 일의 시작이자 씨앗이 되며, 그렇기 때문에 감사효과도 '말'로 표현되어야만 비로소 싹이 틉니다.

"말이 씨가 된다"라는 속담이 있습니다. 감사하다는 말 한 마디가 씨앗이 되고, 씨앗이 싹 터 의식을 바꾸고 행동을 바꾸고, 나의 의식과 행동이 바뀜으로써 주변 환경이 바뀌고 미래가 바뀝니다.

말의 이러한 놀라운 힘에 대해 정립한 이론이 바로 심리학의 '자성예언'입니다. 흔히 '말한 대로 이루어진다'라고 하는 것이 바로 이와 같은 맥락입니다.

긍정적인 말을 습관적으로 자주 하는 사람은 삶도 긍정적으로 바뀌고, 부정적인 말을 습관적으로 자주 하는 사람은 삶도 부정적으로 바뀝니다. 감사하다는 말을 자주 하면 할수록 마치 씨앗이 널리 퍼지듯이 감사할 일들이 새로 생겨납니다. 반면 감사하다는 말을 표현하지 않으면 감사할 일들의 씨앗이 퍼질 기회 자체가 없어집니다. 따라서 감사를 말로 표현하면 할수록 그 힘이 증폭되고 놀라운 효과를 발휘합니다.

> ♣ **감사 표현의 동의어와 반의어**
>
> - '감사'를 말할 때 2차적으로 동반되는 어휘
> : 다행이다, 할 수 있다, 누구누구 덕분이다, 희망이 있다, 변할 수 있다, 안 될 리가 없다
> - '감사'를 말하지 않을 때 2차적으로 생성되는 어휘
> : 불행하다, 할 수 없다, 누구누구 탓이다, 희망이 없다, 그래 봐야 소용없다, 될 리가 없다

2. 감사하지 않은 것부터 감사하라

행복하다고 말하는 동안은
나도 정말 행복한 사람이 되어
마음에 맑은 샘이 흐르고

고맙다고 말하는 동안은
고마운 마음 새로이 솟아올라
내 마음도 더욱 순해지고

아름답다고 말하는 동안은
나도 잠시 아름다운 사람이 되어
마음 한 자락 환해지고

좋은 말이 나를 키우는 걸
나는 말하면서 다시 알지

- 이해인 수녀의 〈나를 키우는 말〉 중에서

감사의 역발상 ① : 특별하지 않은 것에 감사하기

　감사하는 마음과 표현이 우리 삶에서 극적인 효과를 불러일으킬 수 있는 이유는 무엇일까요? 그것은 감사를 통해 자신의 삶의 본질을 꿰뚫어볼 수 있기 때문입니다. 겉으로 드러나는 모든 것의 이면에 감춰져 있는 진정한 가치를 인지함으로써 정말 중요한 것이 무엇인지를 깨닫는 것이 감사 효과입니다.
　따라서 이러한 감사의 효과가 빛을 발할 수 있도록 하기 위해서는 특별한 것보다 사소한 것에 더 감사할 필요가 있습니다.
　복권에 당첨되거나 시험에 합격하는 등 아주 특별한 좋은 일이 일어나야만 감사하는 것이 아니라, 아무 일도 일어나지 않은 사소하고 평범한 하루에 감사하는 것입니다. 심지어 보통 때는 전혀 인지하지 못하고 살던, 숨 쉴 수 있게 해주는 공기, 마시고 씻을 수 있는 물의 존재조차도 새삼 감사한 마음을 갖는 것이 진정한 감사효과입니다.

> ♣ **특별하지 않은 것에 대한 감사 메시지의 예**
>
> - 지금의 삶을 지속하게 해주는 내 몸과 건강에 감사합니다.
> - 재해가 발생하지 않은 오늘의 날씨에 감사합니다.
> - 굶주리지 않게 해준 음식에 감사합니다.
> - 현재 일거리(직장)가 있음에 감사합니다.
> - 의식주를 영위할 수 있었던 오늘에 감사합니다.
> - 마실 수 있는 식수와 씻을 수 있는 수돗물에 감사합니다.
> - 공기에게 감사합니다.
> - 나를 이 세상에 존재하게 해준 부모님과 가족에게 감사합니다.
> - 나를 이해해주는 친구나 동료에게 감사합니다.
> - 내 주변의 모든 것에 감사할 수 있는 나 자신에게 감사합니다.

이처럼 감사는 그동안 살면서 지극히 사소하거나 너무 당연하다고 생각해왔던 모든 것을 되돌아보고 그 모든 존재들에 감사하는 데서 시작됩니다. 사소한 것이 선물이었고, 당연한 것이 행운이었음을 깨닫는 것입니다.

이런 식으로 감사할 일을 찾기 시작하면, 시간이 갈수록 감사할 대상이 더 많아져 놀라게 될 것입니다. 그리고 한 번 일렁인 물결이 계속 퍼져 나가듯이 감사의 긍정적인 기운이 일상을 물들이고 내 주변으로 퍼져나가는 것을 발견할 것입니다.

감사의 역발상 ② : 의도적으로 감사하기

사람의 두뇌는 습관에 물드는 성향을 갖고 있습니다. 그래서 한 번 익숙해진 것에 대해서는 더 이상 인식하고 기억하는 작용을 멈춘다고 합니다. 당장 생존에 필요한 새로운 것들만을 우선적으로 인식하려 하기 때문입니다.

그렇게 때문에 진정한 감사효과는 특별한 사건으로 인해 저절로 느끼는 것이 아니라 본인이 '감사하기로 선택' 해야 나타납니다. 너무 당연하다고 여겨 두뇌에서 각별하게 받아들이지 않고 있던 것에 대해 의도적으로, 일부러 감사하기로 마음먹어야 한다는 뜻입니다.

감사한 마음이 저절로 들 때까지 수동적으로 기다리는 것이 아니라, 능동적이고 의도적으로 감사의 마음을 갖기로 마음먹어야 하는 것입니다. 감사할 일이 없다고 생각할 것이 아니라, 감사할 거리를 찾아 나서야 합니다. 뭔가에 성공한 후에 감사하는 것이 아니라 성공을 실현시키기 위해 나아가고 있는 지금 현재의 과정과 그 과정을 일구고 있는 자기 자신에게 감사해야 합니다.

지금 당장 눈앞에 화려한 결과물이 나타나서가 아니라, 눈앞에 보이는 것이 없을지라도 자신의 목표를 달성하는 데 있어 어떤 식으로든 의미 있는 역할을 하리라는 것을 알기에 감사하는 것입니다.

감사의 역발상 ③ : 감사를 연습하기

특별하지 않은 모든 것에 감사하고, 일부러 의도적으로 감사하기 위해서는 필연적으로 '연습'이 필요합니다. 두뇌를 단련시켜 마인드 콘트롤을 하듯이 감사도 연습하고, 훈련하고, 반복하고, 무엇보다도 한 번 하고 그치는 것이 아니라 매일 일정 시간에 일정 행위를 꾸준히 되풀이해서 두뇌를 단련시키는 과정이 필요합니다.

이러한 감사 연습에는 크게 3가지 종류가 있습니다.

첫째, 감사 기도나 명상, 사색 같은 '내면 연습'입니다.
둘째, 감사일기나 감사편지 같은 '쓰기 연습'입니다.
셋째, 가족이나 주변 사람들에게 직접 감사를 표현하는 '말 연습'입니다.

이처럼 의도적으로 감사를 연습하다 보면 세상을 보는 눈이 달라지고 삶에 대한 태도가 달라집니다. 그리고 시야가 확장되는 것을 경험하게 됩니다.

무심코 지나쳤던 내적인 아름다움, 당연하게 넘겼던 인간의 선한 본성을 예전보다 더 의미 있게 수용하게 됩니다. 그리고 이러한 감사 연습이 하루하루 쌓여갈 때 비로소 인생의 변화가 시작됩니다.

♣ 역발상 감사를 위한 6단계 실천법

: 관점 → 어휘 → 상기 → 목록 → 분류 → 각인

1단계 관점을 바꾼다 : 당연했던 것을 당연하지 않게, 사소했던 것을 사소하게 넘겨버리지 않는 역발상의 사고방식을 위해서는 기존의 사고방식과 관점을 바꿔야 한다.

2단계 언어와 어휘를 바꾼다 : 부정적인 어휘를 긍정적인 어휘로, 습관적으로 내뱉던 어휘를 새로운 어휘로 바꾸는 것만으로도 의식이 바뀌고 사고방식이 달라진다.

(예) '힘들어 죽겠다.' → '그래도 살 만 하다.'

3단계 떠올린다 : 주변을 살펴보고, 자신의 현재 모습을 돌아본다. 무엇에 감사할 수 있는지를 찬찬히 떠올려본다. 감사를 느끼게 해줄 만한 사람과 상황을 구체적으로 떠올린다.

4단계 목록을 작성한다 : 아이디어를 무작위로 떠올리는 '브레인스토밍'을 하듯이 감사의 대상을 무작위로 적어본다.

5단계 카테고리를 나눈다 : 떠올린 것이 어떤 영역에 속하는지 분류함으로써 좀 더 구체적이고 실질적인 감사 연습을 완성할 수 있다.

(예) 사람에 대한 감사 / 가정에 대한 감사 / 몸에 대한 감사 / 일에 대한 감사 / 의식주에 대한 감사 / 직장에 대한 감사 / 영적인 영역에 대한 감사 / 사회에 대한 감사

6단계 각인한다 : 매일 일정한 시간(잠자기 전, 일어난 직후, 식사하기 전 등)에 위 5단계를 연습한다. 이때 기도, 명상, 사색, 일기쓰기, 편지쓰기 등 다양한 방법을 활용할 수 있다.

3. 감사 일기 쓰기 어떻게 시작하지?

1. 오늘도 잠자리에서 가뿐히 일어날 수 있어 감사합니다.
2. 푸른 하늘을 볼 수 있어 감사합니다.
3. 맛있는 점심식사에 감사합니다.
4. 얄미운 동료에게 화내지 않았던 저의 참을성에 감사합니다.
5. 오늘 읽은 좋은 책의 작가에게 감사합니다.

위의 5가지 목록은 오프라 윈프리가 쓴 감사일기 중 한 부분입니다. '토크쇼의 여왕'으로 불리는 미국의 흑인 여성 방송인인 오프라 윈프리는 흑인이라는 핸디캡, 여성이라는 핸디캡에도 불구하고 '오프라 윈프리 쇼'를 통해 전 세계 시청자를 사로잡으며 최고의 스타가 되었습니다. 내로라하는 스타들이 그녀의 방송에 앞 다투어 출연하고 싶어 했고, 그녀가 방송에서 소개한 책들은 다음날 즉시 베스트셀러로 등극했습니다.

오프라 윈프리를 유명하게 만든 것 중 하나는 그녀의 불우한 어린 시절이었습니다. 가난한 미혼모의 딸로 태어나고, 10대 때 삼촌에게 성폭행을 당했으며, 14세라는 어린 나이에 아이를 낳아 미혼모가 되었으나 그 아이도 곧 사망했습니다. 가출, 마약 등 방황과 비행으로 얼룩진 10대를 보냈던 그녀를 구원한 것은 책과 신앙이었습니다.

무엇보다도 그녀는 매일 꾸준히 감사일기를 썼던 것으로도 잘 알려져 있습니다. 오늘 하루 일어난 일 중 감사할 만한 일 5가지 목록을 기록하는 습관을 들인 후 그녀는 자신의 삶이 달라졌다고 이야기했습니다. 다른 누구와도 비교할 수 없을 정도로 비참하고 불행했던 삶 속에서도 감사할 수 있는 일은 분명히 있다는 것입니다.

위에 예로 든 5가지 목록을 보아도 알 수 있듯이 그녀가 적은 감사일기의 내용은 거창한 것이 아니었습니다. 하다못해 맑은 날씨와 푸른 하늘에도 감사하고, 맛있는 점심밥에도 감사했습니다.

이처럼 삶을 절망에서 희망으로 이끄는 감사 일기는 어려운 것이 아닙니다. 사소하게 여겼던 것들을 돌아보고 메모하는 것부터 시작한다면 누구나 당장 오늘부터 실천할 수 있을 것입니다. 다음의 5가지 원칙들만 기억해 둔다면 감사일기 쓰기가 결코 어려운 일이 아님을 알 수 있습니다.

감사 일기 쓰기 원칙 ①
3목록 이상 : 하루 3가지 이상의 목록을 작성하라

감사 일기는 자신의 일상을 돌아보는 것에서 시작됩니다. 감사 일기를 적기 위해 감사할 일이나 대상을 떠올리려 노력하고 고민하는 순간, 이미 자신을 위한 사색과 명상과 기도가 시작되는 것이나 다름

없습니다.

처음 시작할 때는 도무지 무엇을 적어야 할지 막막하게 느껴질 수도 있습니다. 특별할 것 없는 일상 속에서 굳이 감사할 일이 없을 거라는 생각이 들 수도 있습니다.

그러나 굳이 감사할 일이 아닐 것 같은 사소하고 당연한 것들조차도 감사일기의 소재가 얼마든지 될 수 있습니다. 날씨에도 감사할 수 있고, 부모님이나 배우자나 자녀들에게도 감사할 수 있고, 맛있게 먹은 음식에도 감사할 수 있고, 내 몸에게도 감사할 수 있습니다. 물과 공기도 감사의 대상입니다.

중요한 것은 이러한 목록을 구체적으로 작성을 해보는 행위 자체입니다. 떠올려보고 생각해보고 감사한 마음을 가져봄으로써 그 속의 긍정적인 기운을 다시 한 번 끌어낼 수 있습니다. 의식을 의도적으로 바꿈으로써, 어제까지는 별 것 아니었던 모든 일들이 오늘 비로소 감사한 일들이 됨을 발견할 수 있습니다. 목록을 떠올려봄으로써 의식이 무의식을 변화시키고, 내 안의 에너지가 발산되며, 두뇌가 활발히 활동하게 됩니다. 그리고 '쓰기'라는 실질적인 행위를 통해 의식이 본격적으로 변화합니다.

처음 시작할 때는 하루에 3가지 정도의 목록을 메모하는 것으로 가볍게 시작할 수 있습니다. 날짜가 지남에 따라 목록을 매일 3개에서 5

개, 5개에서 10개로 늘려보아도 좋고, 그날 있었던 일에 따라 개수를 조금 줄이거나 늘려도 상관없습니다.

감사 일기 쓰기 원칙 ②
최소 3주 : 최소한 3주까지는 매일 써라

심리학 및 두뇌과학의 이론에 따르면 뭔가 새로운 행동이 습관으로 자리를 잡기 위해서는 최소한 3주, 즉 21일 이상의 꾸준한 연습이 필요하다고 합니다. 적어도 21일 이상 연습을 해야 두뇌에 각인이 되어 비로소 몸에 밴다는 것입니다.

'작심삼일' 이라는 말이 있듯이, 아무리 굳게 다짐하고 결심한 일이라도 3일 이상을 지속하지 못하고 포기하는 경우가 많습니다. 3일의 시간만 가지고는 새로운 행동을 우리 몸이 받아들이지 않고 오히려 거부하기 때문입니다. 그런데 3일을 지나 3주의 시간 동안 꾸준히 연습을 하면 비로소 두뇌가 그 행동을 기억하고 받아들이기 시작합니다. 운동을 시작할 때도 어느 정도 근력이 키워지기 전까지는 시간과 노력과 땀이 필요합니다. 근육통이 오고 귀찮아지기도 합니다. 몸의 고통과 마음의 고통 때문에 중간에 포기하고 싶어지는 순간이 반드시 옵니다.

감사일기를 쓰기 시작할 때도 마찬가지입니다. 처음에는 어색하고 귀찮은 것이 당연합니다. 그러나 매일 꾸준히 감사일기를 쓰려고 의식적으로 노력하다 보면 어느 순간부터는 감사일기를 의무가 아닌 습관으로 인식하게 됩니다. 그리고 그 기간을 극복하고 나면 감사일기를 쓰지 않는 것이 오히려 허전하고 이상하게 느껴지는 정착 단계를 맞이하게 됩니다.

따라서 매일 쓰는 습관을 들이되, 처음 3주 정도까지는 좀 더 강한 의지를 가지고 반드시 매일 빠짐없이 써보려 노력하는 것이 좋습니다. 이처럼 3주간 매일 작성하다 보면 자신도 모르는 사이에 삶에 대한 마인드가 바뀌고 생활 태도가 바뀌는 것을 경험하게 될 것입니다.

감사 일기 쓰기 원칙 ③
예외 없음 : 스스로 예외를 허용하지 마라

《감사의 효과》의 저자 존 디마티니는 34년간 하루도 거르지 않고 감사일기를 썼다고 합니다. 3달도, 3년도 아닌 30년이 넘는 거의 평생의 세월 동안 하루도 거르지 않고 감사일기를 써온 내공이 있었기에 그는 누구보다도 자신 있게 감사의 놀라운 효과에 대해 이야기할 수 있고 저서를 남길 수 있었을 것입니다.

운동이건 취미건 뭔가를 매일 꾸준히 한다는 것은 결코 쉬운 일이 아닙니다. 금연, 금주, 운동, 독서, 어학공부 등을 하기로 마음먹고 시작했다가 며칠 되지도 않아 흐지부지 없었던 일처럼 되어버리는 경험을 누구나 갖고 있을 것입니다. 뭔가를 매일 꾸준히 지속하는 것이 어려운 이유는 자신의 의지가 약해서이기도 하겠지만 그것보다는 스스로에게 핑계를 대고 예외를 허용하기 때문인 경우가 많습니다.

예외를 요구하는 일들은 어떤 형태로든 닥쳐옵니다. 바쁜 업무 때문에, 예기치 못한 사건 때문에, 날씨 때문에, 회식이나 만남 때문에, 친구 때문에, 집안일 때문에, 여행 때문에, 휴가 때문에 등등. 이러한 무수한 핑계거리와 함께 다음과 같은 속삭임이 들려옵니다.

> '이거 하루 안 쓰고 건너뛴다고 뭐가 달라지겠어?'
> '오늘 하루쯤 안 쓰면 어때?'
> '오늘 못 썼으니 내일 몇 개 더 쓰지 뭐.'

그러나 스스로에게 예외를 허용하는 순간, 예외를 허락하는 하루가 이틀이 되고 이틀이 일주일이 되는 것은 순식간입니다. 단 한 줄이라도 좋으니 예외를 두지 않고 반드시 감사일기를 쓰는 것이 중요합니다.

감사 일기 쓰기 원칙 ④
긍정적 표현 : 긍정적인 표현과 어휘를 주로 사용하라

앞서 이야기한 것처럼 언어가 우리의 의식을 지배하고 행동을 결정합니다. 평소에 어떤 언어를 자주 쓰느냐에 따라 그 사람의 현재는 물론이고 미래까지 결정된다고 했습니다. 긍정적인 언어를 습관적으로 쓰는 사람은 긍정적인 삶을 영위하고, 부정적인 언어를 쓰는 사람은 삶이 부정적인 언어대로 흘러갑니다.

글은 말보다 더 강력한 작용을 합니다. 글로 쓰는 행위는 두뇌에서 한 번 더 걸러져 몸의 행동을 동반하는 작용이기 때문에 우리의 의식에 더 강렬한 각인 효과를 낳습니다. 그렇기 때문에 감사일기도 모든 목록의 문장 하나하나를 긍정적인 표현과 어휘로 채우는 것이 중요합니다. 간과하기 쉬운 긍정적인 표현의 구체적인 예는 다음과 같습니다.

'때문에' → '덕분에'

: '무엇무엇으로 인해 감사하다'는 서술을 할 때, 사건의 인과관계를 '무엇무엇 때문에'나 '무엇무엇 탓으로'와 같은 표현들보다는 감사의 본질적인 의미를 보태는 '덕분에'라는 어휘로 표현하면 긍정적인 의미를 더욱 강조할 수 있습니다.

'~해서 감사합니다'

: 단순히 사건이나 감정을 나열하기만 한다면 감사일기가 아닌 평범한 의미의 일기에 불과할 수도 있습니다. 그러나 감사의 목록을 나열하면서 모든 문장을 '~해서 감사합니다.'라고 표현한다면 감사일기의 효과가 더욱 커집니다.

> **감사 일기 쓰기 원칙 ⑤**
> **구체적+현재 : 현재 상황을 구체적으로 기술하라**

감사 일기를 쓰는 의미는 자신의 현재를 있는 그대로 인정하고 그 안의 긍정적인 가치를 찾아내는 데 있습니다. 자신의 삶을 감상적으로 혹은 감정적으로 무조건 찬미하는 것이 아니라, 오히려 이성적으로 객관화시켜 제대로 바라볼 수 있는 연습을 하게 해주는 것이 바로 감사일기입니다. 그래서 부정적이거나 불행한 사건조차도 내 삶에 도움이 될 수 있도록 전환시키는 것입니다.

　삶의 가치를 바라보고 사고의 전환을 이루기 위해서는 막연한 미래를 바라거나 지나간 과거에 집착하기보다는 오늘 하루, 지금 이 순간의 자신의 상황을 세세하게 돌이켜보는 사고 과정이 필요합니다. 있었던 사실만 기술하는 것이 아니라, 어떠한 상황에서 왜 감사한 마음을 갖고 있는지를 구체적으로 기술하는 것입니다.

　또한 '~할 것이다'와 같은 앞날에 대한 막연한 표현이 아니라 '~할 수 있어서 감사합니다'와 같이 현재의 시간을 기준으로 작성하는 것이 좋습니다. 현재에 집중하고 현재 위주의 표현을 쓸수록 지금의 삶의 가치를 있는 그대로 발견하는 데 도움이 됩니다.

〈감사일기 쓰기 실제 사례〉

(예1)

1. 깨끗한 마실 물과 따뜻한 온수가 나오는 주거환경 덕분에 감사합니다.
2. 저녁에 먹은 맛있는 된장찌개에 감사합니다.
3. 나를 낳아주고 길러준 부모님에게 감사합니다.

(예2)

1. 아이들이 아프지 않고 별 탈 없이 오늘 하루 잘 지내주어 감사합니다.
2. 화단에 핀 노란 개나리 덕분에 봄을 느낄 수 있어 감사합니다.
3. 월급을 받는 직장이 있음에 감사합니다.

(예3)

1. 공기의 존재 덕분에 매 순간 숨 쉴 수 있어 감사합니다.
2. 오늘 내 고민을 들어준 친구가 있어 감사합니다.
3. 목적지까지 빠르게 갈 수 있게 해준 자동차에게 감사합니다.

4. 가게에서 친절하게 인사해주고 도와준 점원에게 감사합니다.
5. 지난 일주일 동안 감사일기를 매일 쓰기로 한 약속을 지켜낸 나 자신에게 감사합니다.

♣ **감사 일기 쓰기 5원칙 핵심 포인트**

1. 3목록의 원칙: 최소 3개 이상을 적어본다.
2. 3주의 원칙: 처음 시작할 때는 최소 3주 이상 매일 쓴다.
3. 예외 없음의 원칙: '오늘 하루쯤'이라는 예외를 허락하지 않는다.
4. 긍정 표현의 원칙: 긍정적인 어휘와 표현을 쓴다.
5. 구체적 현재상황의 원칙: 현재 상황에 집중하고 구체적으로 기술한다.

4. 감사 편지 쓰기 어떻게 시작하지?

"자신이 매수한 주식과 쉽게 헤어지는 이유는 믿음의 기반이 약하기 때문이다. 주식투자도 남녀의 사랑이나 마찬가지다. 처음부터 현명하게 선택했다면 헤어질 이유가 없다."

위의 말을 남긴 사람은 월스트리트 역사상 가장 성공한 펀드매니저인 주식투자가 피터 린치입니다. 그는 어떻게 해야 주식투자에서 성공할 수 있는지에 대한 여러 권의 저서를 남겼는데, 그중에는 투자 대상 회사를 선정할 때 무엇을 따져 보아야 하는지에 대한 다양한 조언과 통찰이 포함되어 있습니다. 주식투자에 대해 잘 모르는 초보자부터 전문가까지 그의 책을 필독서로 삼는 이유입니다.
피터 린치가 제시한 투자 회사 선정 기준은 여러 가지가 있지만, 그중 하나가 '회사 구성원들이 회사에 대해 어떤 마인드를 갖고 있느냐?'라고 합니다.
회사 구성원들이 자신의 일에 대해, 자신이 생산하거나 서비스하는 제품에 대해, 고객에 대해, 그리고 자신이 몸담은 회사에 대해 높은 점수를 주고 감사하는 마음을 갖는 회사라면 아무리 규모가 작은 초창기의 회사라 할지라도 투자 가치가 분명히 있다는 것입니다. 주식투자를 할 때 이러한 회사를 찾는 것이야말로 최고의 투자 비법이라고 합니다.

구성원들이 자신의 회사와 제품에 대해, 그리고 고객에 대해 감사한 마음을 갖는 회사란 어떤 회사일까요? 이는 다른 말로 하면 회사의 오너와 경영진이 회사의 모든 직원들에게 감사의 마음을 갖는 회사를 뜻하기도 합니다.

오너가 직원들을 그저 기계 부속품 같은 존재로 보는 것이 아니라 한 사람 한 사람 모두 가치 있는 인력으로 여기는 회사, 고위직부터 말단 직원까지 모든 역할이 소중하다는 것을 알고 그런 감사의 마음을 구성원들이 느낄 수 있게끔 전달하는 회사가 바로 '투자할 만한 회사'라고 합니다.

반면 직원들에게 감사하지 않는 회사는 미래가 없는 회사나 마찬가지이며 이 때문에 장기적인 안목으로 봤을 때 투자 가치도 없다고 합니다. 이런 회사에서 직원들은 단지 '월급' 때문에 어쩔 수 없이 출근할 뿐입니다.

오너가 구성원에게, 구성원이 오너에게 감사한 마음을 갖지 못하는 회사라면 아무리 지금까지 승승장구했어도 미래는 어둡습니다. 따라서 주식시장에서 높은 투자 가치를 인정받는 회사란 오너와 구성원 모두가 서로에게 감사한 마음을 갖고 그것을 서로 원활하게 전달하는 것이 문화로 자리 잡은 회사라 할 수 있습니다.

감사란 어느 한쪽이 일방적으로 강요한다고 되는 것이 아니라 상호적인 것입니다. 그렇기 때문에 다양한 방법을 동원해 감사의 마인드를 전달하는 것이 중요합니다. 이러한 활동이 활발해져야 문화로 자리 잡을 수 있으며 이것이 기업체의 감사문화로 발전할 수 있습니다. 최근 여러

> 기업체에서 '감사문화'를 가장 중요한 화두로 내세우고 있는 이유도 이 때문입니다. 이처럼 감사의 에너지가 가득한 기업체에서 생산된 제품은 고객에게도 그 마인드가 전달됩니다. 회사가 구성원에게 감사하고, 구성원이 기쁜 마음으로 일하고, 이렇게 생산된 제품이 고객에게도 긍정적인 에너지를 전파하여 사회적으로도 영향을 끼칩니다.

피터 린치는 월가의 주식투자가로서 전성기를 누리던 시절인 불과 47세의 나이에 돌연 은퇴를 선언한 것으로도 유명합니다. 그가 은퇴한 이유는 '가족과의 삶이 더 소중하기 때문'이었습니다. 전설적인 주식투자가로서 누구보다도 금전의 가치와 흐름에 대해 천재적인 안목을 지녔음에도 불구하고 기업에서, 가정에서, 사람으로서 무엇이 더 중요한지를 항상 강조했던 피터 린치. 미국인들은 그를 '월가의 영웅'이라 부르고 있습니다.

감사의 마음, 말과 글로 표현하라

'감사의 에너지가 없는 회사는 망해가는 회사나 마찬가지다.'
이러한 인식이 사회적으로 점점 큰 공감을 얻고 있는 추세입니다. 이를 바꿔보면 다음과 같이 여러 가지로 변주할 수 있습니다.

'감사의 에너지가 없는 집은 망해가는 집이나 마찬가지다.'
'감사의 에너지가 없는 가족은 불행한 가족이나 마찬가지다.'
'감사의 마인드가 결여된 집단은 망조가 든 집단이나 마찬가지다.'
'감사하는 마음이 없는 부부는 겉모습뿐인 부부나 마찬가지다.'

감사의 에너지가 구성원들 모두에게 충만하다는 것은 서로 간에 감사의 마음을 충분히 주고 받고 있다는 뜻이기도 합니다. 삶에 감사하고 다른 존재에게 감사하는 마음을 혼자만 간직하고 있는 것이 아니라 겉으로 드러내어 전달하는 것이 중요하다는 뜻입니다.

그렇기 때문에 감사를 어떻게 전달하고 얼마나 잦은 빈도수로 교류하느냐 하는 것이 중요합니다. 사람은 홀로 존재하는 것이 아닌 사회적인 동물이며, 타인에게 감사를 전할 수 있을 때 비로소 감사 에너지가 전파될 수 있기 때문입니다.

감사의 마음은 말로도 전달할 수 있지만 그보다 더 효과적인 매체가 글과 문자, 즉 감사편지입니다.

그렇다면 감사편지를 누구에게, 어떻게, 어떤 내용으로 써야 할까요? 다음의 5가지 원칙들만 기억해 둔다면 감사편지 쓰기가 결코 어려운 일이 아님을 알 수 있습니다.

감사 편지 쓰기 원칙 ①
당연하다고 여겼던 사람에게 쓴다

　감사의 마음을 표현할 때 가장 어려움을 느끼게 되는 대상은 바로 내 곁에 있는 가족입니다. 일상생활에서 늘 당연하게 거기 있어주는 존재라고 인식할수록 새삼스럽게 감사한 마음을 갖고 그 마음을 표현하기가 어렵습니다.

　부모님에 대한 감사의 마음, 남편이나 아내에 대한 감사의 마음, 자녀에 대한 감사의 마음은 사실은 마음속 깊은 곳에 간직하고 있음에도 불구하고 평소에는 잘 보이지 않습니다. 가장 희생하고, 가장 미안하고, 가장 소중한 존재일수록 보통 때는 그 소중함을 피부로 느끼지 못합니다.

　특히 한국인들은 감사와 사랑을 겉으로 표현하는 데 익숙하지 않은 경우가 많습니다. 그렇기 때문에 감사편지를 쓸 대상을 선정할 때는 가장 가까운 사람들, 늘 곁에 있는 존재들, 가장 당연한 존재라고 여겼던 대상부터 선정해 차츰 범위를 넓혀 나가는 것이 좋습니다.

① 부모님, 배우자, 자녀, 형제자매, 그밖에 한 집에 사는 식구 등 가장 가까운 사람부터 대상으로 선정한다.

② 가족 → 친구 → 동료 → 이웃 → 지인 등 친밀감과 접촉 빈도의 정도에 따라 점차 범위를 확장해 나아간다.
(예) 배우자, 자녀들, 부모님 → 장인장모님, 시부모님 → 가장 친한 친구 → 회사 동료, 상사 → 이웃, 경비아저씨
③ 선정한 구성원들 한 명마다 감사할 내용들을 목록별로 정리한다.

감사 편지 쓰기 원칙 ②
표현하기 어려웠던 것을 표현한다

한 통계에 의하면 미국인들이 많이 사용하는 언어 중 1/3에 가까운 높은 비중을 차지하는 어휘가 바로 '감사합니다(Thank you)' 였다고 합니다. 그러나 우리나라 사람들의 경우 평소 '감사합니다' 라는 말을 자주 하지 않을뿐더러, 형식적인 관계나 공적인 자리에서 의례적으로 사용할 뿐 정작 가까운 사람들에게 표현하는 것은 매우 어려워합니다.

감사의 마음은 혼자 간직하는 것이 아니라 표현할 때 빛을 발합니다. 그렇기 때문에 다음과 같은 사고방식은 바꾸는 것이 좋습니다.

'우리 사이에 그런 말을 꼭 해야 해?'
'식구끼리 쑥스럽게 그런 걸 말해줘야 알아?'
'가족인데 굳이 그런 걸 얘기해야 하나?'
'이제 와서 그런 걸 꼭 말해야 해?'

위와 같은 고정관념을 깨는 적극적이고 효과적인 행동이 바로 감사편지입니다. 가장 당연하다고 생각했던 대상에게, 가장 당연하다고 생각하여 표현하지 못했던 내용을 표현하는 것이 감사편지의 본질입니다.

한 단어나 한 줄도 좋습니다. 고맙다는 한 구절의 인사, 사랑한다는 말, 당신의 존재에게 감사한다는 이야기, 자랑스러워한다는 등의 다양한 표현들을 글로 적어보는 것이 감사편지의 시작이 됩니다.

감사 편지 쓰기 원칙 ③
사소한 일에도 감사한다

21세기가 된 이후 지속되고 있는 전 세계 전쟁과 테러의 역사 중 가장 끔찍한 사례 중 하나로 아직까지 생생하게 기억되고 있는 것이 바로 9.11 테러일 것입니다. 추락하는 비행기에서, 무너지는 건물 안에서, 마지막 순간에 희생자들이 하나 같이 마지막 통화를 시도한 대상은 바로 가족이나 배우자 등 가장 가까운 사람들이었습니다. 그들이 '사랑한다' 는 인사를 남긴 사람들은 평소 가장 가까웠던 존재, 너무 가까워서 당연시했던 사람들이었을 것입니다. 이처럼 극적인 한계상황에서 인간은 가장 중요한 것이 무엇인지를 떠올릴 수 있게 됩니다. 그런 경우 떠올리게 되는 것은 사실은 사소한 것들입니다.

곁에 있는 것이 당연했던 사람들, 너무 당연해서 굳이 표현하지 않았던 내용들, 그리고 전혀 특별할 것 없는 일상의 사건들이 가장 소중했음을 알게 됩니다. 가족의 건강, 웃음소리, 평범한 날의 평범한 일들에 절로 감사한 마음을 갖게 됩니다. 감사편지를 쓸 때 감사의 내용으로 삼을 수 있는 것들은 바로 이러한 '사소한 것들' 이라 할 수 있습니다. 예를 들어 다음과 같이 생각을 바꿔보는 것입니다.

> (예1) '아내가 밥을 차려주는 것은 당연한 일이다.'
> → '맛있는 저녁밥상을 차려준 아내에게 오늘도 감사한다.'
>
> (예2) '아이가 오늘따라 늦잠을 자서 화가 났다.'
> → '아픈 데 없이 건강한 하루를 보내준 아이에게 오늘도 감사한다.'

감사편지는 이러한 사소하고 당연한 내용들을 발견하는 것입니다. 때로는 갈등이나 다툼을 유발했던 것들조차도 마음속에 되새기고 그 속의 소중한 감사거리를 찾아 표현하고 기술하는 것입니다.

감사 편지 쓰기 원칙 ④
칭찬과 존중의 내용을 반드시 넣는다.

감사의 핵심은 상대방에 대한 인정과 격려, 존중과 칭찬입니다.

원만한 부부관계를 유지하는 사람들의 경우, 다른 부부들보다 싸움이나 갈등이 적기 때문에 원만한 것보다는 갈등의 과정과 전후에 하는 표현들이 다르다고 합니다. 그들은 일반적인 부부들보다 상대방에게 칭찬의 표현, 장점을 띄워주는 표현, 긍정적인 표현을 월등히 자주 사용한다는 공통점을 갖고 있습니다.

감사편지도 마찬가지입니다. 감사편지가 설득력과 감동을 자아내려면 상대방을 진정 이해하고, 장점을 존중해주고, 노력을 인정해주고, 어려울 때 격려해주는 등 의미 있는 칭찬의 표현을 풍부하게 활용해야 합니다. 모든 사람은 자신이 상대방에게 존중받지 못하고 인정받지 못한다고 느낄 때 상처를 받게 마련입니다.

그러나 모든 사람에게는 그 사람만의 입장이 있고, 아무리 단점이 많은 사람이라 하더라도 장점을 찾아낼 수 있습니다. 아무리 상대방에게 화가 났더라도 상대방이 나를 존중하고 이해하는 태도를 보인다면 갈등을 줄일 수 있습니다. 이것은 가족뿐만 아니라 직장 동료, 비즈니스, 고객과의 관계에서도 마찬가지입니다.

따라서 감사편지를 쓸 때는 다음과 같은 칭찬, 격려의 사항을 부각시키는 내용을 반드시 한 가지 이상 포함시키는 것이 좋습니다.

1. 구체적인 사례를 들어 칭찬하고 감사하기

(예) "아들아, 고맙다." → "네가 어제 엄마의 설거지와 빨래를 도와주어 얼마나 큰 도움이 되었는지 모른다. 늘 사려 깊은 행동을 해준 너에게 고맙구나."

2. 드러난 결과보다 과정과 의도를 인정하고 그것에 대해 감사하기

(예) "대체 왜 그런 이상하고 맛도 없는 음식점에 가자고 한 거야?" → "식구들에게 색다른 외식을 하게 해주고 싶어 했던 당신의 마음 씀씀이에 감사합니다."

3. 그 사람의 단점보다 단점 속의 장점을 부각시켜 존중해주기

(예) "너는 왜 그렇게 굼뜨니?" → "행동이 빠르지는 않지만 느긋하고 낙천적인 마음으로 주위 사람을 편안하게 해주는 너에게 감사한다."

♣ 감사편지의 3가지 강조요소

1. 막연한 내용 〈 구체적 사례
2. 결과 〈 과정
3. 단점 〈 장점

감사 편지 쓰기 원칙 ⑤
다양한 수단을 활용한다
: 손으로 쓴 종이편지, 이메일, 문자메시지, 메신저, 전화 통화, 선물, 행동

요즘에는 인터넷과 스마트폰 등 온라인 매체의 발달로 인하여 편지를 쓰는 행위 자체가 매우 어색하고 생소하게 느껴질 수 있습니다. 그러나 오랜 세월 멀리했던 편지지와 펜을 집어든 순간부터가 감사편지쓰기의 의미 있는 출발점이 될 수 있습니다. 텅 빈 종이 안에 채워 넣을 내용을 상상하고 그 내용을 전달 받을 상대방의 반응을 떠올

려보는 것에서 이미 감사의 마음이 싹트기 때문입니다.

또한 인터넷이나 스마트폰 같은 매체조차도 감사편지의 또 다른 수단으로 활용할 수 있을 것입니다. 많은 사람들이 사용하는 문자메시지나 메신저는 편지로는 어색할 수 있는 내용들을 좀 더 마음 편하게 전달할 수 있는 좋은 수단입니다. 얼굴을 보고 표현하는 것이 어색할 때 전화로 이야기할 수 있듯이, 종이편지가 어색하다면 이메일이라는 수단을 활용할 수도 있습니다. 첨단 매체와 온라인 위주의 생활 패턴으로 인해 인간관계가 단절된다고 하지만, 지금의 다양한 매체들을 오히려 더 적극적으로 활용함으로써 감사 전달의 창의적인 수단으로 쓸 수 있습니다.

문자언어가 아닌 다른 방법들을 동원할 수도 있습니다. 기념일이 아닌 예상치 못한 날의 작은 선물, 다른 식구나 구성원의 일을 대신 도와주는 것, 손을 잡아주거나 포옹하는 등의 신체언어들은 의외로 큰 감사효과를 발휘합니다.

단, 위의 1~4번의 요소가 담긴 편지(종이편지, 이메일, 메신저, 문자메시지 등), 즉 문자를 매개로 한 표현들을 선행하는 것은 필수적입니다. 표현하고, 전달하고, 기록하는 등의 행위를 수반해야만 감사의 에너지가 본격적으로 퍼져나갈 수 있기 때문입니다.

♣ 감사편지 쓰기의 핵심 5원칙

1. 누구에게?: 가장 가까운 사람부터 선정해 확장시킨다.
2. 무엇을?: '굳이 그런 말을 꼭 해야 하나?' 라는 당연한 내용부터 쓴다.
3. 어떤 내용으로?: 가장 사소한 것부터 감사한다.
4. 어떻게?: 칭찬과 존중의 표현을 반드시 포함시킨다.
5. 어떤 방식으로?: 손편지, 이메일, 메신저, 문자메시지, 선물, 행동 등 다양한 매체와 방식을 활용한다.

5. 감사의 씨앗 뿌려야 되돌아온다

사례1〉 먼저 감사한 손님

뉴욕 중심가의 어느 고급 레스토랑에서 실제로 있었던 일입니다. 그 레스토랑에는 오랜 단골손님인 노신사가 있었습니다. 그런데 그 신사에게는 독특한 습관이 있었습니다. 대개 미국에서는 손님이 서비스를 받고 난 후 계산을 할 때 추가로 팁을 주는 것이 보통인데, 이 신사는 팁을 맨 마지막이 아니라 맨 처음 줬던 것입니다. 그는 레스토랑에 들어서자마자 안내데스크의 직원에게, 그리고 자신에게 음식을 서빙하는 웨이터에게 넉넉한 팁을 먼저 주었습니다. 그런 다음에 음식을 주문했습니다. 팁을 주면서 그는 이렇게 말했다고 합니다.

"여러분이 나에게 제공해줄 좋은 서비스에 감사합니다."

이렇게 미리 감사인사와 팁을 받은 직원들과 웨이터는 반색할 수밖에 없었습니다. 그래서 그 신사는 이 레스토랑의 직원과 웨이터는 물론이고 주방장에게까지 늘 성실한 서비스와 정성 어린 요리를 대접받을 수 있었습니다.

사례2〉 먼저 감사한 직원

한 유명한 작가가 어느 날 밥을 먹기 위해 한 작은 식당에 들렀습니다. 그런데 그가 들어서자마자 그 식당의 가장 나이 어린 막내 직원이 그를 몹시 반가워하며 기뻐했습니다.
작가는 조금 의아했습니다. 이런 작은 식당에서 허드렛일을 하는 어린 직원이 무엇 때문에 그렇게 즐거워하는지 이해가 되지 않았습니다. 작가는 직원에게 무슨 일로 그렇게 기뻐하는지 물었습니다. 그러자 그가 이렇게 대답했습니다.

"이 식당에서 일하게 된 것에 감사하고 기쁩니다. 덕분에 선생님 같은 분을 만나 직접 음식을 대접할 수 있게 되었으니까요. 이런 날이 분명 오리라고 오래 전부터 기대하며 감사하고 있었습니다."

먼저 씨앗을 뿌려야 수확할 수 있다

"삶은 부메랑이다. 우리의 생각과 말과 행동은 언젠가 되돌려 받는다. 그리고 희한하게도 우리 자신을 늘 명중시킨다."

-플로랑스 스코벨 쉰

위의 말처럼 우리의 인생은 마치 '부메랑' 과도 같습니다. 자신이 내뱉은 말은 언젠가 자신에게 되돌아오고, 자신이 한 행동도 언젠가 자신에게 되돌아옵니다. 당장이 아니더라도 긴 시간과 인과관계를 거쳐 돌아오곤 합니다. 그렇기 때문에 말도 행동도 마음도 함부로 하지 않는 것이 중요합니다.

감사도 마찬가지입니다. 감사는 파생되고, 전파되고, 영향을 끼칩니다. 그리고 어떤 형태로든 자신에게 되돌아옵니다. 삶에 감사하고 사람들에게 감사하는 마음을 갖는 것, 그리고 그러한 마음을 말과 글과 행동으로 표현하고 전달하는 것이 사회를 변화시키고 세상을 변화시킵니다. 그리고 그 변화가 우리 자신의 인생을 또 다시 변화시켜 줍니다.

그래서 흔히 감사효과를 씨앗에 비유하곤 합니다. 씨앗을 뿌려야 열매를 수확할 수 있기 때문입니다. 반면 아무 것도 뿌리지 않으면 아무 것도 수확할 수 없습니다. 지극히 간단한 이치입니다.

남에게 먼저 감사해야 남도 나에게 감사의 마음을 갖습니다. 나 자신에게 먼저 감사해야 나의 의식과 행동이 바뀝니다. 삶에 먼저 감사해야 내 삶이 더 나은 방향으로 진화합니다.

영어에 '기브 앤 테이크' (give and take)라는 표현이 있습니다. 먼저 줘야 그 후에 받을 수 있다는 뜻입니다. 그런데 대부분의 사람들은 이 반대를 원합니다. '테이크 앤 기브' 즉 남에게 먼저 받으려 할 뿐 내가 먼저 줄 생각을 하지 않습니다.

감사를 씨앗의 이미지로 상상하는 이미지 트레이닝을 해볼 필요가 있습니다. 그러면 타인에게 기대하는 것을 내가 먼저 해주고, 타인이 내게 선사하기 원하는 것을 내가 먼저 타인에게 줘야 한다는 원리를 쉽게 이해할 수 있을 것입니다.

농부는 뿌린 것 이상을 바라지 않는다

흔히 성공한 세일즈맨이나 사업가는 감사에 능한 사람들이라는 공통점이 있습니다. 크게 성공한 사람일수록 주변 사람들에게, 그리고 자신이 응대하는 고객들에게 감사를 표현하고 전달하는 데 집중합니다. 그리고 그러한 감사를 항상 '먼저' 전달하기 위해 다양한 방법을 동원합니다. 감사의 메시지를 담은 고객편지, 쪽지, 메시지, 이메일을 고객이나 거래처에 늘 먼저 보내고, 응답도 즉각적으로 합니다. 한 해를 마무리할 때나 새 해를 시작할 때, 특정 기념일에 '먼저' 감사의 인사를 전달하는 것을 잊지 않습니다.

이것은 마치 열매를 수확하기 위해 씨앗을 먼저 뿌리고 열심히 경작하는 농부의 마음과 닮아 있습니다.

그런데 농부가 씨앗을 뿌리는 행위에는 주목해야 할 점이 있습니다. 뿌린 것보다 더 많은 것을 허황되게 바라지 않는다는 점입니다.

씨앗을 뿌려도 그 씨앗이 모두 싹트는 것이 아니고, 싹튼 작물이 모두 잘 자라는 것이 아니고, 잘 자란 작물이 모두 열매를 풍성히 맺는 것은 아닙니다. 홍수나 가뭄 같은 자연재해, 병충해 등의 변수도 염두에 두어야 합니다.

농부는 이러한 수많은 가능성들을 염두에 두고 있습니다. 그래서 뿌린 것보다 더 많은 것을 바라지 않고, 다만 최종적으로 거둔 열매에 감사할 따름입니다. 그리고 다음 해에 더 품질 좋고 많은 양의 열매를 맺을 수 있는 효율적인 농사 방법을 항상 연구합니다.

감사가 바로 이와 같습니다. 먼저 뿌리되, 다 돌려받거나 뿌린 이상을 돌려받을 욕심을 부리지 않는 것입니다. 욕심 부리지 않는다면, 그리고 내게 되돌아온 현재의 수확에 감사할 줄 안다면, 그 마음이 언젠가는 더 풍성한 열매로 되돌아와 보답해줄 것입니다. 그것이 바로 감사효과입니다.

♣ '감사=씨앗'의 이미지 트레이닝 5원칙

1. 열매를 얻기 위해서는 먼저 씨앗을 뿌린다

남에게 감사의 말이나 행동을 기대하기 전에 내가 먼저 감사의 말과 행동을 한다.

2. 뿌린 씨앗보다 적게 거둔다

내가 한 감사의 말, 글, 행동, 마음이 100퍼센트 보상을 받을 수 있을 거라 기대하지 않는다.

3. 봄에 뿌리고 가을에 거둔다

자신의 삶에게, 혹은 타인에게 감사했을 때 내 삶이, 혹은 다른 사람이 나에게 즉각 감사로 보답하는 것은 아니다. 즉 열매를 거두기까지는 성장과 숙성의 시간이 필요하다.

4. 내년 봄에 다시 뿌릴 수 있다

올해 거둔 열매가 생각만큼 만족스럽지 않더라도 돌아오는 봄에 다시 씨앗을 뿌리면 된다. 또한 이번에 수확한 열매가 있기에 다시 씨앗을 뿌릴 수 있음에 감사한다.

5. 경작방법을 연구해야 한다

실패율을 줄일 수 있도록 땅을 비옥하게 만드는 방법, 병충해를 줄일 수 있는 방법, 재해를 이겨낼 수 있는 방법을 연구해야 한다. 마찬가지로 감사도 효과적으로 전달하고 힘을 발휘할 수 있는 다양한 방법과 요령들을 습관화시키고 익혀야 한다.

[Gratitude Story]

영혼을 윤택하게 해주는 한 줄의 감사명언 모음

"인간이 불행한 이유는 행복하다는 것을 모르기 때문이다."
- 도스토옙스키

"삶은 자신에게 일어나는 일 10%와 그 일에 대한 자신의 반응 90%에 의해 결정된다."
- 척 스윈돌

"행복한 가정은 모두 비슷한 이유로 행복하지만 불행한 가정은 저마다의 이유로 불행하다."
- 톨스토이

"어떤 이들은 장미꽃의 가시에 불평하지만, 나는 가시 있는 줄기에 피어난 장미꽃에 감사할 따름이다."
- 알퐁스 카르

"감사는 주어진 환경보다 환경에 대한 자신의 태도에 의해 좌우된다."
- 짐 스티븐즈

"진정 중요한 것은 기적 자체가 아니라 기적을 바라보는 우리의 눈이다."
- 마이클 프로스트

"하루에도 수백만 가지의 기적이 일어난다. 그러나 그 기적을 기적이라고 믿는 사람에게만 기적이 된다."

- 로버트 슐러

"감옥과 수도원의 공통점은 세상과 고립돼 있다는 점이다. 다른 게 있다면 고립된 상황에 불평하느냐 감사하느냐의 차이다."

- 마쓰시타 고노스케

"행복은 감사의 문으로 들어와서 불평의 문으로 나간다."

- 서양 속담

"돈에 대해 감사할수록 돈을 더 많이 벌 수 있다."

- 존 디마티니

"행복하기 때문에 웃는 것이 아니라 웃기 때문에 행복해진다."

- 윌리엄 제임스

"생각이 행동을 낳고, 행동이 습관을 낳고, 습관이 성격을 낳고, 성격이 운명을 낳는다."

- 새뮤얼 스마일즈

"인간은 희망에 기초한 존재다. 모든 것을 다 빼앗길지라도 희망만큼은 잃지 않기를 소망한다."

- 토머스 칼라일

"감사는 모든 미덕의 근원이다."

- 키케로

"행복은 필요한 것을 얼마나 갖고 있는가가 아니라 불필요한 것에서 얼마나 자유로워져 있는가에 있다."

- 법정

"삶을 가장 크게 변화시키는 것은 감사의 태도다."

- 지그 지글러

"행복해서 감사한 것이 아니라 감사해서 행복한 것이다."

- 앨버트 클라크

"가장 행복한 사람은 항상 감사하며 사는 사람이다."

- 탈무드 격언

"용기 있는 사람은 행운을 스스로 만드는 자다."

- 세르반테스

"신이 오늘 하루 우리에게 선사한 8만6,400초의 시간 중 단 1초라도 감사하다는 말을 하는 데 쓴 적 있는가?"

- 윌리엄 워드

감사 습관은 하루아침에 만들어지지 않는다. 감사의 완성을 향한 다섯 단계를 조금씩 꾸준히 차근차근 따라감으로써 어제보다 더 행복한 삶, 어제보다 더 감사로 충만한 인생을 가꿔나갈 수 있을 것이다.

6장

감사 습관을 완벽하게 익히는 다섯 가지 비결

1. 첫 번째 비결 발견: 관점의 차이를 발견하라

1. 발견	2. 각성	3. 변화	4. 습관	5. 완성
감사하는 마음과 시각을 방해하던 관점의 차이를 발견함	부정을 극복하는 긍정성을 통하여 영혼의 균형에 눈뜸	언어습관, 생활습관, 관계습관을 바꿔 의식을 변화시킴	의식과 행동의 새로운 습관이 각인될 수 있도록 관습화시킴	삶과 세상을 바라보는 새로운 시야로 무한 감사를 완성함

생각을 바꾸면 새로운 세상이 보인다

한 여인이 사막에 가게 되었습니다. 군인인 남편의 부임지라 어쩔 수 없이 따라간 곳이었습니다. 한낮에는 뜨거운 햇빛과 모래바람이 불어 숨이 막혔고 밤이 되면 사방이 적막하고 무서웠습니다. 그녀는 자신이 얼마나 불행한 환경에 있는지 편지를 써서 아버지에게 보냈습니다. 그러자 아버지가 답장을 보냈습니다.

> "두 명의 죄수가 감옥에 갇히게 되었다. 그러나 그 두 사람이 감옥의 창살 틈으로 바라본 것은 전혀 다른 것이었지. 한 사람은 감옥 밖의 진흙탕을 바라보았지만, 다른 한 사람은 창틈으로 비추는 밤하늘의 별빛을 바라보았단다."

이 편지를 받은 그녀는 갑자기 새로운 세상을 발견한 기분이 들었습니다. 그 후 그녀의 일상은 달라졌습니다. 그녀는 사막의 해질녘 노을이 얼마나 숨 막히게 아름다운지를 발견했습니다. 건조한 사막에도 얼마나 많은 생물들이 사는지를 관찰하고 다녔으며, 사막 지대에 사는 원주민과 친해졌습니다. 그리고 자신이 사막에서 본 것들을 써 내려갔습니다. 《빛나는 성벽》이라는 소설을 남긴 미국의 여류작가 델마 톰슨의 유명한 실화입니다.

이 이야기에서 알 수 있듯이 세상을 바라보는 관점에는 두 가지가 있습니다. 하나는 어떻게 해서든 나쁜 점만 보려고 하는 관점이고, 다른 하나는 어떠한 상황에서도 새로운 가능성을 발견하려고 하는 관점입니다.

그런데 대부분의 사람들은 나쁜 상황에서 나쁜 것만을 보려 하는 사고의 패턴에 익숙해져 있습니다. 그리고 자기가 본 것이 전부라는 착각에 빠져 있습니다. 이러한 고정관념과 착각이 삶의 전반적인 부분을 지배하곤 합니다. 타인을 나만의 관점으로만 평가하려 들고, 자신의 사고방식과 다른 것을 틀린 것이라 여기며, 부정적인 상황에서는 오직 부정적인 것들만을 보려 합니다.

이러한 사고 패턴을 고집하는 한, 세상이 나를 위해 일방적으로 친절을 베풀어주지는 않습니다. 따라서 자신의 삶을 바꾸고 세상을 바꿀 수 있는 가장 궁극적인 방법은 나 자신의 관점과 사고 패턴을 완전히 바꾸는 것입니다.

감사를 가리는 눈가리개

사고의 관점을 바꾸고 넓히는 순간 새로운 세상이 열립니다. 이것을 반대로 말하면, 새로운 세상이 열리는 것을 막는 가장 커다란 방해물은 다름 아닌 나 자신에게 있다는 뜻이기도 합니다.

이것은 마치 두꺼운 눈가리개가 나의 눈을 가리고 있어, 더 넓은 세상을 보지 못하게 만드는 것과도 같습니다. 이 눈가리개에는 다음과 같은 여러 종류가 있습니다.

- 나만의 고유하고 소중한 존재 가치를 못 보게 하고 남과 비교하여 스스로 불행감에 빠지게 하는 눈가리개
- 내게 주어진 행복의 가치를 발견하지 못하게 하는 눈가리개
- 불안감과 비관적 사고방식으로 인생의 시간을 허비하게 만드는 눈가리개
- 나와 다른 타인의 가치를 부정하고 편견을 갖게 만드는 눈가리개
- 나의 잣대를 남에게도 강요하게 만드는 눈가리개
- 어떠한 상황에서든 한쪽 면만 보고 다른 면은 보지 못하게 만드는 눈가리개
- 나와 다르다는 이유로 남을 혐오하거나 비하하게 만드는 눈가리개

이처럼 무수한 종류의 눈가리개 때문에 정작 보아야 할 것을 보지 못하고 삽니다. 무엇이 가치 있는지를 발견하지 못하고 삽니다. 그리고 제대로 발을 디디지 못하여 수없이 넘어지고 다치면서도 그 눈가리개를 내 눈에서 떼어낼 생각조차 하지 못합니다. 그럴 때 자신의 삶과 세상에 대한 감사의 마음이 사라지는 것입니다.

이제는 눈을 뜨고 시야를 넓힐 때

부정의 눈가리개를 치우는 순간 내면이 한 단계 성장하기 시작합니다. 녹슬었던 영혼의 동력이 작동하기 시작합니다. 삶이 건강한 에너지로 채워지기 시작함을 느끼게 됩니다. 삶에 대한 새로운 열정과 영감이 샘솟기 시작합니다.

그리고 이러한 에너지를 발견하게 되면 그동안 부정적으로 생각했던 모든 것들은 아무 것도 아니었음을 깨닫게 됩니다. 자신이 원하는 비전을 향해, 꿈을 향해, 목표를 향해 얼마든지 나아갈 수 있는 가능성을 알게 되는 것입니다.

지금 처한 현실이 아무리 내 삶을 가로막고 있는 것 같아보여도, 오히려 나의 꿈을 완성해 나가는 데 있어 의미 있는 과정으로 만들 수 있습니다. 커다란 불행을 겪게 될지라도 그 불행들이 언젠가는 더 큰 행복의 요소로 작용하도록 활용할 수 있을 것입니다.

기존의 관점을 바꾸고 삶을 더 넓게 보는 것, 내 눈을 가리고 있는 눈가리개가 얼마나 작고 하찮은 것이었는지를 발견하는 것. 이것이 바로 감사로 향하는 첫 번째 단계입니다.

♣ 관점의 차이를 발견하게 해주는 감사메시지 7

1. 나는 긍정적 에너지의 중심이며 발원지입니다.
2. 나에게는 삶을 바꿀 수 있는 무한한 가능성이 있습니다.
3. 나는 절대적 관점이란 존재하지 않음을 깨닫습니다.
4. 내게 주어진 모든 것 속에 이미 행복의 씨앗이 잠들어 있습니다.
5. 나는 나의 가치와 타인의 가치를 현명하게 인정할 수 있습니다.
6. 내가 해보지 않았던 새로운 생각과 관점을 얼마든지 받아들일 수 있습니다.
7. 내 눈을 가리고 있던 부정적 눈가리개를 치울 준비가 되어 있습니다.

2. 두 번째 비결 각성: 영혼의 균형에 눈을 떠라

1. 발견	2. 각성	3. 변화	4. 습관	5. 완성
감사하는 마음과 시각을 방해하던 관점의 차이를 발견함	부정을 극복하는 긍정성을 통하여 영혼의 균형에 눈뜸	언어습관, 생활습관, 관계 습관을 바꿔 의식을 변화시킴	의식과 행동의 새로운 습관이 각인될 수 있도록 관습화시킴	삶과 세상을 바라보는 새로운 시야로 무한 감사를 완성함

닫혔던 문을 열고 진실을 들여다보라

감사로 가는 1단계를 통해 자신의 시야를 가리던 부정성의 눈가리개를 치우고 나면 이제는 삶의 진실이 무엇인지를 가만히 들여다볼 때입니다.

삶의 진실을 본다는 것은 모든 인간의 삶에는 거대한 질서와 균형이 존재한다는 것을 아는 것입니다. 이를 통해 어느 한쪽으로도 치우치지 않는 영혼의 균형을 발견하는 것입니다.

영혼의 균형이란 이성과 감정의 균형을 의미하기도 하고, 긍정과 부정의 균형을 의미하기도 하며, 희로애락의 균형을 의미하기도 합니다. 이를 통해 인간의 의지가 조물주의 뜻과 다르지 않음을 아는 것이고, 현실과 이상향이 동떨어져 있지 않음을 아는 것이기도 합니다.

진실을 들여다보기 위해서는 우선 자신의 내면을 가만히 돌아보는 시간을 가져야 할 것입니다. 내가 가진 생각들이 한쪽으로 치우쳐져 있지 않은지, 내가 품고 있는 내면의 에너지가 어느 한 부분만 지나치게 발달되어 있지 않은지를 확인해보아야 합니다.

자기비하와 오만함 사이, 부정적 태도와 긍정적 태도 사이, 비관적 사고방식과 낙천적 사고방식 사이, 현실과 비현실 사이에서 나의 영혼이 한쪽으로 쏠려 있지 않은지 점검할 필요가 있습니다.

모든 부정성 안에 긍정성이 있다

비관, 부정, 경멸, 분노…….

내면에 이러한 것들이 지나치게 크게 자리 잡은 사람들이 있습니다. 이런 사람들은 세상이 나에게만 부당하다고 여기기도 하고, 신이 자신의 기도만 들어주지 않는다고 분노하기도 하며, 자신의 삶이 다른 이들의 삶보다 못하다는 비판 속에 허우적거리기도 합니다.

그러나 영혼의 균형을 발견한 사람들은 조금 다른 관점에서 자신의 현실을 바라볼 줄 압니다. 자신이 남들보다 우월하다 하여 자만하고 오만해서도 안 되지만, 남들보다 못하다는 생각으로 자기비하에 빠질 필요도 없을 것입니다. 현재의 상황이 버거운 장애물인 것 같더라도, 그 상황을 이겨냄으로써 더 큰 이득을 취할 수 있음을 압니다. 자신이 얼마나 행복한지, 혹은 얼마나 불행한지는 관점의 차이일 뿐이며, 모든 현상의 이면에는 긍정적인 면과 부정적인 면이 함께 존재함을 알아차립니다.

그리고 이러한 균형 안에는 인간이 미처 알아차리지 못하는 거대한 질서와 더 큰 균형이 있음을 깨달을 수 있습니다. 알아차리기까지는 긴 시간이 걸릴 수도 있고, 그것이 올바른 질서였음을 쉽게 알아차리기 어려울 수도 있습니다. 그러나 겸허한 마음으로 영혼의 균형을 찾아나간다면 반드시 감사의 마음이 우러나옵니다.

있는 그대로의 자신을, 자신의 삶을, 자신의 상황을 이해하는 것, 부정적인 모든 상황 속에 가려져 있던 기회와 축복을 깨닫는 것, 그리하여 자신의 삶에 족쇄가 채워져 있던 것이 아니라 처음부터 거리낌 없이 자유로웠던 것임을 알아차리는 것. 이것이 감사효과의 핵심적인 메시지이자 역할입니다.

행복은 영혼의 균형을 깨닫는 것

큰 질병을 겪은 환자들이 '병마와 싸워 이기려 하지 말고 함께 데리고 가라'라는 이야기를 종종 하듯이, 질병 한가운데에 오히려 건강한 삶에 대한 깨우침이 숨어 있습니다. 신체의 고통이라는 것도 불균형을 균형 상태로 되돌리려 하는 우리 몸의 노력의 산물인 것처럼, 겉으로 드러난 슬픔이나 역경 속에는 기쁨을 향하려는 인간의 본성이 숨어 있습니다. 그래서 모든 일에는 긍정적인 면과 부정적인 면이 함께 있다고 하는 것입니다.

이러한 균형을 당장 발견하기 어려울 수도 있습니다. 시간이 한참 흘러서야 예전에 자신에게 닥쳤던 일들의 의미를 깨닫게 되기도 합니다. 그렇기 때문에 더욱 자만하거나 비관해서는 안 될 것입니다. 성공해도 감사하지만 실패 앞에서도 감사할 수 있어야 할 것입니다. 양지에서 햇빛을 즐길 때도 감사하지만 음지에서 그늘을 견뎌야 하는 시간도 얼마든지 감사할 가치가 있습니다.

서로 상반되는 이 모든 것들이 인간의 삶을 구성하는 요소들입니다. 누구나 언젠가 죽을 것을 알지만 그래도 오늘 하루를 사는 것처럼, 가장 극단적인 요소인 삶과 죽음을 모두 인정함으로써 행복할 수 있고 감사에 눈뜨게 됩니다.

♣ 부정과 긍정의 균형에 눈뜨게 하는 감사메시지 10

1. 나에게 주어진 고유한 소명과 목표를 위해 이 세상에 태어났습니다.
2. 그동안 살아온 내 삶의 모든 과정들은 내 가치를 발견할 수 있었던 귀중한 기회들이었습니다.
3. 내게 단점이 있음을 인정하듯 장점이 있다는 것도 인정할 수 있습니다.
4. 나는 사랑받을 가치가 있고 행복할 자격이 있습니다.
5. 내가 아닌 다른 사람들도 사랑받을 가치와 자격이 있음을 압니다.
6. 언젠가 죽을 것을 알기에 오늘을 더 소중히 살 수 있습니다.
7. 인생에는 음지도 양지도 모두 있습니다.
8. 불행 속에 행복이, 슬픔 속에 기쁨이 있습니다.
9. 부정성을 긍정성으로 극복함으로써 삶의 거대한 질서에 동참합니다.
10. 오늘보다 내일 더 성장할 수 있고 균형 잡힌 삶을 살 수 있습니다.

3. 세 번째 비결 변화: 언어와 의식을 바꿔라

1. 발견	2. 각성	3. 변화	4. 습관	5. 완성
감사하는 마음과 시각을 방해하던 관점의 차이를 발견함	부정을 극복하는 긍정성을 통하여 영혼의 균형에 눈뜸	언어습관, 생활습관, 관계습관을 바꿔 의식을 변화시킴	의식과 행동의 새로운 습관이 각인될 수 있도록 관습화시킴	삶과 세상을 바라보는 새로운 시야로 무한 감사를 완성함

습관 속에 비밀이 있다

'어떤 말이나 생각이 이루어질 것이라고 강력하게 믿음으로써 그 믿음이 행동을 변화시켜 목표를 이루게 하는 것'을 심리학에서 '자성예언' 혹은 '자기충족예언'이라고 합니다.

'자성예언'이라는 용어는 20세기 심리학과 교육학에서 쓰이기 시작한 말입니다. 그러나 '말하는 대로 되리라'는 가르침은 동서고금을 막론하고 여러 문화권에서 전해져 내려왔습니다. 인디언들은 "1

만 번 이상 반복한 말은 이루어진다"라고 했고, 우리 조상들은 항상 언행일치의 미덕을 중시했습니다.

　무의식의 힘을 연구하여 자기암시요법의 창시자로 불리는 프랑스의 에밀 쿠에(Emile Coue) 박사는 말의 효과에 관한 실험을 실시한 바 있습니다. 이 실험에서 '나는 매일 기분이 점점 더 좋아진다' 혹은 '나의 고통은 점점 줄어들고 있다'는 말을 매일 15번씩 암송한 환자들이 실제로도 질병 호전 효과를 보인 것으로 보고되었습니다.

　인간이 동물과 다른 결정적인 차이점이 언어 사용에 있는 것처럼, 평소에 어떤 언어를 사용하는가에 따라 그 사람의 인생이 달라지고 미래가 달라집니다. 어떤 말을 하느냐에 따라 의식이 달라지고, 마음이 달라지고, 삶의 방향이 달라지고, 고난을 극복할 수 있는 잠재력이 달라집니다. 어떤 어휘를 사용하느냐에 따라 인격이 달라지고, 인성이 달라지며, 인간관계의 질이 달라집니다. 말은 그 사람의 태도를 결정짓고, 성공과 실패를 결정짓습니다.

　그래서 흔히 성공한 사람은 성공에 이르는 언어습관과 생활습관을 가지고 있고, 실패한 사람은 실패로 이끄는 언어습관과 생활습관을 가지고 있다고 말합니다. 긍정적인 언어를 사용하는 사람은 긍정적인 성과를 거두지만, 부정적인 언어를 사용하는 사람은 부정적인 결과에 도달합니다.

내가 변화하면 나의 환경도 변화한다

나 자신이 평소 긍정적인 언어를 많이 쓰는 사람인가, 부정적인 언어를 많이 쓰는 사람인가에 대해 돌아볼 필요가 있습니다. 그리고 가족이건 친구이건 남이건, 상대방에게 상처를 주는 말을 습관적으로 하고 있지 않은지도 돌이켜보아야 합니다. 혹시 다음과 같은 말을 남에게 자주 하고 살아오지는 않았을까요?

- 남과 비교하는 말 : '아무개는 잘하는데 너는 왜 그것밖에 못하니?'
- 상대방의 자존심에 상처를 주는 말 : '당신 대체 할 줄 아는 게 뭐야?', '넌 왜 그 모양이니?', '네가 하는 게 그렇지.'
- 상황, 나이, 외모, 학벌 등 약점이나 민감한 부분을 건드리는 말 : '취직은 언제 할 거니?', '왜 아직도 결혼을 안 해요?', '왜 여태 아이를 안 가져요?'
- 상대방을 비하하는 말 : '너 되게 살쪘다.'

혹시 위와 같은 말들을 습관적으로 한 적이 있다면, 내가 무심코 내뱉은 한 마디로 인해 상대방은 큰 상처를 받았을 지도 모릅니다. 상처를 주는 말들은 부정적 에너지를 형성하고 그 말을 내뱉은 나 자신에게 언젠가는 되돌아올 것입니다.

모든 사람들은 본능적으로 좋은 말, 우호적인 말, 칭찬의 말, 긍정적인 말을 듣고 싶어 하고 하고 싶어 합니다. 그것이 인간의 선한 본성입니다. 나쁜 말, 적대적인 말, 헐뜯는 말, 부정적인 말을 듣고 싶어 하는 사람은 아무도 없습니다.

그렇기 때문에 긍정적인 언어를 주로 사용하는 사람들에게는 비슷한 언어습관과 에너지를 가진 긍정적인 사람들이 모여들게 마련입니다. 내가 먼저 남들에게 긍정적인 언어로 이야기할 때, 남들도 나를 도와주려 하고, 칭찬하려 하고, 우호적으로 생각할 것이기 때문입니다. 반면 부정적이고 적대적인 언어를 주로 사용하는 사람에게는 마찬가지로 부정적이고 해를 끼치는 에너지를 가진 사람들이 모여들 것입니다.

이처럼 내가 쓰는 어휘에 따라 내 주변 사람들의 성향이 달라지고, 인간관계의 유형도 달라집니다. 내 주변에 어떤 사람들이 포진해 있느냐에 따라 환경도 달라집니다.

결국 우리 자신의 환경을 결정하는 것은 외부에 있는 것이 아니라 우리의 내부, 즉 내가 쓰는 언어습관과 생활습관, 마음의 습관에 달려 있음을 알 수 있습니다. 긍정적인 언어를 사용하는 연습과 훈련을 할수록 환경도 긍정적으로 변화합니다. 그리고 이러한 긍정적인 변화야말로 우리를 감사로 인도하는 지름길입니다.

♣ 긍정적 변화를 몰고 오는 감사메시지 5

1. 나는 나 자신과 주변 사람들에게 행복의 언어, 사랑의 언어, 배려의 언어, 긍정의 언어로 말하는 데 익숙한 사람입니다.
2. 긍정적인 언어로 말하면 나의 두뇌가 긍정적인 결과를 향해 작동하지만, 부정적인 언어로 말하면 나의 두뇌가 이미 부정적인 결과를 염두에 두고 준비할 것입니다.
3. 성공과 실패는 외부에 있는 것이 아니라 나의 내면에 있습니다.
4. 비록 오늘 만족할 만한 결과를 얻지 못했더라도 나의 언어와 마음가짐은 내일의 성공을 이야기합니다.
5. 긍정의 언어로 말하고 있는 나는 이미 성공하고 행복한 사람입니다.

4. 네 번째 비결 습관: 새로운 습관을 관습화하라

1. 발견	2. 각성	3. 변화	4. 습관	5. 완성
감사하는 마음과 시각을 방해하던 관점의 차이를 발견함	부정을 극복하는 긍정성을 통하여 영혼의 균형에 눈뜸	언어습관, 생활습관, 관계습관을 바꿔 의식을 변화시킴	의식과 행동의 새로운 습관이 각인될 수 있도록 관습화시킴	삶과 세상을 바라보는 새로운 시야로 무한감사를 완성함

습관은 연습의 산물이다

스포츠 심리학에 '이미지 트레이닝' 이라는 것이 있습니다. 선수들이 훈련을 할 때 단순히 몸으로만 훈련하는 것이 아니라 머릿속으로 득점이나 승리의 이미지를 떠올림으로써 실제로 점수를 올릴 수 있는 훈련을 뜻합니다.

예를 들어 선수가 골인을 하여 득점을 하는 장면, 최고의 기록을 경신하는 장면, 상대편 팀을 이기고 승리하는 장면, 과녁의 정중앙을 맞추는 장면을 상상하며 의식을 훈련시키는 것입니다. 이러한 이미지 트레이닝은 선수들의 기록을 향상시키는 실질적인 효과가 있다고 합니다. 그래서 요즘에는 더욱 과학적이고 효율적인 시스템을 적용해 운동선수들의 심리 훈련을 돕고 있습니다.

이처럼 사람의 의식을 변화시키기 위해서는 꾸준한 훈련이 필요합니다. 인간의 두뇌는 이미지와 상상에 큰 영향을 받기 때문에, 자신이 원하는 것을 머릿속으로 상상하고 이미지를 떠올리는 연습을 반복할수록 그것을 내 몸에 익숙해지도록 만들 수 있습니다.

감사 습관을 들이는 것도 일종의 이미지 트레이닝이나 마찬가지입니다. 삶을 긍정적으로 바라보는 습관, 긍정적인 언어를 사용하는 습관, 성공과 실패에 모두 감사하는 습관, 고난과 역경에도 불구하고 그 속에서 긍정적인 부분을 찾아내는 습관은 단지 한 번의 생각만으로 익숙해지지는 않습니다. 그러한 방식으로 말하는 연습, 생각하는 연습을 꾸준히 지속해야만 감사가 내 몸에 배고 내 의식에 자연스레 스며들 수 있습니다.

운동선수가 최고의 기록을 세우는 자신의 모습을 상상하는 훈련을 함으로써 정말로 최고 기록을 세우게 되는 것처럼, 우리도 모든 일에 감사하는 마음훈련을 함으로써 진정한 행복의 길, 진정한 감사의 길로 나아갈 수 있습니다.

의식과 행동을 트레이닝하라

스티븐 코비와 더불어 '성공학의 쌍두마차'로 일컬어지는 브라이언 트레이시는 자신의 저서 《백만 불짜리 습관》을 통해 '습관이 사람을 만들고 성공을 만든다'라는 강력한 메시지를 이야기한 바 있습니다. 그는 원하는 것을 시각화할수록, 구체적으로 상상할수록, 자주 떠올릴수록 성공에 가까워진다고 말했습니다. 몰입한 만큼 성공에 가까워지며, 상상하고 이미지화하는 시간이 길수록 성공 가능성도 커진다고 했습니다.

그가 말한 시각화 과정처럼 감사 습관도 자주, 구체적으로, 그리고 꾸준히 연습할수록 온전히 내 것으로 만들 수 있습니다. 일부러 연습하지 않는 한 뭔가 새로운 습관이 내 것이 되기는 어렵습니다. 익숙해지기까지는 시간이 걸리고 노력을 요합니다.

감사하는 것도 습관이고, 감사하지 않는 것도 습관입니다. 남을 배려하는 것도 습관이고, 남을 함부로 대하는 것도 습관의 산물입니다. 남에게 친절한 말을 하는 사람들은 친절한 언어가 습관화되었기 때문이고, 남에게 막말을 하는 사람들은 막말하는 습관이 배어 있기 때문입니다. 이타적인 사람은 이타적인 말과 마음과 행동을 꾸준히 연습했기 때문이고, 이기적인 사람은 이기적인 말과 마음과 행동에 익숙해져 있기 때문입니다.

　인간의 의식은 기존에 익숙한 것을 답습하려는 성향이 있습니다. 따라서 그동안 부정적인 습관, 이기적인 습관, 감사하지 않는 습관을 갖고 살아왔다면 그와 반대되는 긍정적인 습관, 이타적인 습관, 감사하는 습관에 익숙해지기 위해 노력해야 합니다.

　감사 습관 트레이닝이란 작은 실천에서 시작됩니다. 오늘 하루 어떤 말을 하고 어떤 생각을 하느냐가 바로 감사 연습입니다. 아침에 눈 뜨자마자 감사한 사람들과 감사할 내용들을 생각하는 것, 오늘 안에 꼭 해야 할 일들의 목록과 그것을 위해 꼭 해야 할 것들을 떠올리는 것, 이러한 것들을 적어보고 체크하는 것만으로도 훌륭한 감사 연습이 될 것입니다. 아무리 짧고 간단하더라도 감사일기나 감사편지, 감사 메시지를 적어보는 것도 빼놓을 수 없을 것입니다.

　좋은 습관을 하나씩 실천하는 것이야말로 감사로 가는 가장 결정적인 관문입니다. 감사를 실천하는 모습을 상상하고 시각화한다면 훨씬 수월하게 감사를 체득한 사람으로 변할 것입니다.

♣ **좋은 습관을 내 것으로 만드는 실천적 감사메시지 5**

1. 내 삶에 도움을 준 감사할 사람을 매일 3명 이상 떠올립니다.
2. 아무리 작은 도움을 준 사람들일지라도 반드시 어떤 형태로든 은혜를 갚을 것입니다.
3. 나의 경쟁자 혹은 나와 적대적인 관계에 있는 사람들이 있지만, 그들로 인해 교훈을 얻을 수 있으므로 감사합니다.
4. 아침에 눈뜨자마자 오늘 하루 반드시 해야 할 우선순위의 일들을 5가지 이상 떠올리고, 그 일들을 오늘 안에 실천할 것입니다.
5. 이번 주, 이번 달, 올 해에 반드시 이루고자 하는 일들의 목록을 각각 정리해두고 하나씩 해나가기 위해 매일 노력할 것입니다.

5. 다섯 번째 비결 완성 : 감사하고 또 감사하라

1. 발견	2. 각성	3. 변화	4. 습관	5. 완성
감사하는 마음과 시각을 방해하던 관점의 차이를 발견함	부정을 극복하는 긍정성을 통하여 영혼의 균형에 눈뜸	언어습관, 생활습관, 관계습관을 바꿔 의식을 변화시킴	의식과 행동의 새로운 습관이 각인될 수 있도록 관습화시킴	삶과 세상을 바라보는 새로운 시야로 무한감사를 완성함

고난조차 포용하는 무한감사의 시작

로베르토 베니니 감독의 영화 〈인생은 아름다워〉는 극한의 상황에서도 아들에게 희망을 선사한 아버지의 모습을 그려 전 세계인을 감동시켰습니다. 2차 세계대전을 배경으로 한 이 영화에서 주인공인 귀도는 나치의 유대인 말살 정책에 의해 어린 아들 조슈아와 함께 강제수용소에 끌려갑니다. 그러나 어린 아들에게 '이 모든 것이 재미있는 전쟁놀이'라고 이야기해주고 어떠한 상황에서도 공포에 질리지 않도록 희망을 줌으로써 끝끝내 아들의 목숨을 지켜냅니다.

〈인생은 아름다워〉의 귀도가 영화 속의 인물이었다면, 2차 세계대전 당시의 유대인 정신의학자 빅터 프랑클(Viktor Frankl)은 실제 인물입니다. 그는 강제수용소의 잔혹한 환경에서도 희망을 버리지 않은 덕분에 생존한 인물로 잘 알려져 있습니다. 전쟁 후 그는 저술활동을 통해 수용소의 참혹했던 경험을 세상에 알리고 새로운 정신분석 방법을 창안했습니다. 이처럼 인간으로서의 진정한 아름다움은 가장 처절한 역경과 고난 속에서 오히려 빛을 발하는 경우가 많습니다.

우리의 인생이 사실은 양지보다 음지가 많고, 편한 길보다는 거친 가시밭길이 더 많다는 것을 받아들이는 것. 예기치 못한 극한의 고통이나 질병, 불의의 사고조차도 의미 있는 것으로 만드는 것, 그리고 이 모든 것에 감사하는 것. 이것이야말로 오직 인간만이 할 수 있는, 그리고 오로지 인간에게만 주어진 가장 큰 축복일지도 모릅니다.

때론 가시밭길도 축복이다

석공이 돌을 깨기까지는 헤아릴 수 없는 망치질이 필요합니다. 천 번, 만 번의 망치질 끝에 마침내 돌을 깨뜨리고 그 돌로 새로운 조각품들을 만듭니다. 견고한 돌이 마침내 갈라질 수 있었던 것은 맨 마지막 한 번의 망치질 때문이 아니라 포기하지 않고 지속했던 천 번, 만 번의 망치질이 있었기에 가능했을 것입니다.

감사로 향하는 길이 바로 이와 같습니다. 단 한 번의 망치질에 감사할 일들이 갑자기 벌어지거나 삶이 감사로 가득 차는 것은 아닙니다. 다만 천 번, 만 번의 노력에 의해 마침내 돌이 갈라지고 '감사'라는 모양의 조각품이 조금씩 만들어져갈 것입니다.

질병에 걸리고 나면 병에 걸리기 전의 건강한 삶이 얼마나 건강했는지 깨닫게 되고, 전쟁이 벌어지고 나면 전쟁이 터지기 전의 평화로운 삶이 얼마나 행복했는지를 역으로 깨닫게 됩니다. 그렇기에 우리의 삶은 어쩌면 매순간이 기적이고 행복인지도 모릅니다. 다만 우리가 미처 깨닫지 못할 뿐입니다.

지금 걷고 있는 일이 가시밭길일지라도 감사하고, 꿈이 아직 이루어지지 않은 단계라 할지라도 감사할 수 있습니다. 아직은 돌이 갈라질 기미조차 보이지 않을지라도, 망치질을 포기하지만 않는다면 이 또한 감사의 과정입니다.

위기가 기회이고 실패조차 성장의 계기라고 말하는 것처럼, 고난조차 포용할 수 있는 넓은 시야를 가질 때 그것 자체로 충분히 감사한 삶입니다. 삶의 매순간 빛과 어둠의 양면성이 존재한다는 것을 받아들일 때 비로소 우리를 둘러싼 모든 것이 감사의 에너지로 환히 밝혀집니다.

지금까지 감사를 향한 단계를 하나씩 확인해 보았습니다.

첫째, 우리의 눈을 가리고 있던 부정의 눈가리개를 발견하고,
둘째, 부정과 긍정 사이의 균형을 볼 수 있도록 마음의 눈을 뜨고,
셋째, 부정적인 것에 익숙해져 있던 말과 행동 습관을 바꾸고,
넷째, 바꾼 습관이 내 것이 될 수 있도록 훈련하는 것.

이 모든 과정은 바로 감사 효과를 완성시키는 과정들이었습니다. 이를 통해 자신의 삶과 이 세상을 바라보는 성숙한 의식과 시각을 가질 때, 무한한 감사의 여정을 완성할 수 있을 것입니다.

♣ 무한긍정, 무한행복을 향한 감사메시지 5

1. 나 자신이 행복하기로 작정했기에 행복합니다.
2. 나 자신이 감사하기로 작정했기에 감사합니다.
3. 희망이 없기에 절망적인 것이 아닙니다. 절망이란 희망을 버리기로 마음먹었을 때 다가올 뿐입니다.
4. 가능성이 없는 것이 아니라, 내가 가능성을 보지 않기로 작정했기에 없는 것처럼 보일 뿐입니다.
5. 삶에는 늘 양면성이 있습니다. 나를 기쁘게 하는 상황뿐만 아니라 나를 괴롭게 하는 상황조차도 감사할 수 있습니다.

맺음말

한 번뿐인 인생,
감사 습관으로 기적을 만나자

　천국과 지옥의 차이는 무엇일까요? 천국은 꽃이 피고 새가 지저귀며 맛있는 음식이 가득한 곳이고, 지옥은 무시무시한 불구덩이의 고통이 영원히 끝나지 않는 곳일까요? 천국은 따뜻한 햇빛이 가득하고 지옥은 칠흑 같은 어둠만 계속되는 곳일까요? 천국과 지옥에 관한 다음의 우화는 우리 삶이 무엇에 의해 천국과 지옥으로 나뉘는지에 대해 되돌아보게 합니다.

　천국과 지옥은 둘 다 똑같이 맛있는 음식과 따뜻한 햇살이 가득한 곳이었습니다. 그런데 조금 특이한 조건이 있었습니다. 음식을 먹을 때 반드시 젓가락을 사용해야 했는데, 젓가락이 매우 길어서 혼자서는 도저히 그 젓가락으로 음식을 먹을 수 없었습니다. 지옥의 사람들은 아무리 팔을 뻗으며 끙끙대도 음식을 집을 수 없어 고통스러워했습니다. 반면 천국의 사람들은 긴 젓가락으로 음식을 집은 다음 자기 자신이 아닌 다른 사람의 입에 넣어주었습니다. 그리하여 모두가 배부르고 행복하게 웃을 수 있었습니다.

지옥의 사람들은 너무 긴 젓가락 탓을 하고 환경을 원망하며 끝없는 굶주림 속에 아우성쳤을 것입니다. 그러나 천국의 사람들은 똑같은 길이의 젓가락을 가지고도 타인에게 늘 감사하고 음식에도 감사하며 하하호호 웃으며 지냈을 것입니다.

결국 천국과 지옥의 차이는 주어진 환경 자체에서 오는 것이 아니라 그 환경에서 어떤 마음가짐을 가지고 어떻게 남과 공존하며 살아가느냐에 달려 있다는 것. 누구나 한 번쯤 들어봤을 위 이야기를 통해 우리는 우리의 삶을 가치 있게 하는 것이 무엇인지에 대해 생각해볼 수 있습니다.

누구에게나 단 한 번밖에 주어지지 않은 인생 속에서, 누군가는 오늘도 천국을 살고 누군가는 지옥을 살아갑니다. 이는 곧 누군가는 감사하며 살고 누군가는 감사를 전혀 모른 채 살아간다는 뜻으로 치환할 수 있을 것입니다. 음식을 집을 수 없는 긴 젓가락이 주어졌을지라도 생각만 바꾸면 얼마든지 배부른 삶을 살 수 있는 것처럼, 감사하며 사는 습관이야말로 우리의 삶을 풍요롭게 살찌워주는 천국의 열쇠와도 같습니다.

  감사하는 삶을 살 것인가, 원망하는 삶을 살 것인가? 선택은 전적으로 여러분에게 달려 있습니다. 그 무엇으로도 대신할 수 없는 자신의 삶을 주체적으로 이끌어가는 작은 기적을 경험해보시기 바랍니다. 오늘부터 시작하는 감사 습관이 행복의 문을, 그리고 모든 가능성의 문을 활짝 열어줄 것입니다.

감사의 습관이 기적을 만든다

초판 1쇄 인쇄 2015년 04월 20일
  4쇄 발행 2015년 12월 03일

지은이 정상교
발행인 이용길
발행처 모아북스 MOABOOKS

관리 정윤
디자인 이룸

출판등록번호 제 10-1857호
등록일자 1999. 11. 15
등록된 곳 경기도 고양시 일산동구 호수로(백석동) 358-25 동문타워 2차 519호
대표 전화 0505-627-9784
팩스 031-902-5236
홈페이지 www.moabooks.com
이메일 moabooks@hanmail.net
ISBN 979-11-86165-85-0   13320

· 좋은 책은 좋은 독자가 만듭니다.
· 본 도서의 구성, 표현안을 오디오 및 영상물로 제작, 배포할 수 없습니다.
· 독자 여러분의 의견에 항상 귀를 기울이고 있습니다.
· 저자와의 협의 하에 인지를 붙이지 않습니다.
· 잘못 만들어진 책은 구입하신 서점이나 본사로 연락하시면 교환해 드립니다.

모아북스 는 독자 여러분의 다양한 원고를 기다리고 있습니다.
(보내실 곳 : moabooks@hanmail.net)